LES
DOUZE VERTUS
D'UNE BONNE MAITRESSE

OUVRAGE UTILE

AUX MÈRES DE FAMILLE, AUX INSTITUTRICES
ET A TOUTES LES PERSONNES
CHARGÉES DE L'ÉDUCATION DES JEUNES FILLES

PUBLIÉ

PAR LE PÈRE H. POTTIER
De la Compagnie de Jésus.

———

DOUZIÈME ÉDITION, REVUE ET AUGMENTÉE

PARIS
RENÉ HATON, LIBRAIRE-ÉDITEUR
35, RUE BONAPARTE, 35

———

Tous droits réservés

LES

DOUZE VERTUS

D'UNE

BONNE MAITRESSE

René Haton, éditeur, 35, rue Bonaparte, Paris.

MANUEL

DE

L'INSTITUTRICE CHRÉTIENNE

SUJETS DE MÉDITATION POUR L'AIDER A REMPLIR
SON IMPORTANTE MISSION,

Par M. l'abbé CHAUMONT,

Auteur de *Monseigneur de Ségur, directeur des Ames.*

DEUXIÈME ÉDITION AUGMENTÉE.

Un joli volume in-32, *franco*, 1 fr. 50; en toile noire,
tranches jaspées, *franco*, 2 fr. 25.

Depuis quelques années, l'*Instruction* des jeunes filles se
répand de plus en plus dans les diverses classes de la société;
mais, en même temps, l'*Education* semble perdre du terrain.
Le nombre des Institutrices s'est considérablement accru, la
carrière est envahie. Mais, tandis que toutes rivalisent de zèle
pour les progrès de l'enseignement, il faut bien le dire, elles
n'ont plus la même ardeur pour la plus relevée de leurs fonctions, et, à cet égard du moins, le niveau professionnel tend
à baisser d'une manière bien regrettable. Certes, la culture de
l'âme n'est pas de moindre importance que celle de l'esprit, et
les soins à donner au cœur, au caractère d'un enfant, demandent tout autant de préparation, d'application et de persévé-
rance que les leçons destinées à mûrir et à orner son intelligence. L'œuvre de l'*Education* doit donc tenir le premier rang
dans l'estime et dans la sollicitude des personnes vouées à l'en,
seignement; elle demande à être comprise dans son but, étudiée dans ses procédés, acceptée dans ses exigences, et, enfin
pratiquée vaillamment, malgré les difficultés et les entraves
auxquelles elle est inévitablement assujettie. Dans le milieu où
nous vivons, l'*Education* est chrétienne ou elle est nulle; l'in-
fluence d'une Institutrice ne sera réelle que si elle est vivifiée
par l'Esprit de Jésus-Christ; elle né sera pleinement efficace
que si elle émane des vertus exquises réservées par privilège à
la solide et fervente piété. C'est ainsi qu'en cherchant à faire
du bien aux âmes, on se trouve préalablement ramené à la
grande affaire de la sanctification personnelle.

LES
DOUZE VERTUS

D'UNE

BONNE MAITRESSE

OUVRAGE TRÈS UTILE

AUX MÈRES DE FAMILLE, AUX INSTITUTRICES
ET A TOUTES LES PERSONNES
CHARGÉES DE L'ÉDUCATION DES JEUNES FILLES

PUBLIÉ

PAR LE PÈRE H. POTTIER

DE LA COMPAGNIE DE JÉSUS

Nouvelle édition

PARIS
RENÉ HATON, LIBRAIRE-ÉDITEUR

35, RUE BONAPARTE, 35

1889

AVERTISSEMENT

Nous offrons, dans *Les Douze Vertus d'une bonne Maîtresse*, à toute personne chargée d'éle $\cdot$ des jeunes filles, soit dans leur famille, soit dans un pensionnat, soit dans une école, le meilleur *Manuel* qui existe. Ce petit livre n'est, en effet, qu'une transformation de celui du *Vénérable de la Salle*, *fondateur des écoles chrétiennes*, qui a pour titre : *Les Douze Vertus d'un bon Maître*. Nous savons que beaucoup de Maîtresses vont déjà y prendre des règles de conduite dans leur difficile fonction; mais cependant le plus grand nombre n'y recourt pas, parce qu'il n'a pas été écrit pour les jeunes filles. Afin de rendre ce précieux ouvrage d'un usage plus universel, nous l'avons modifié, en ayant égard aux différences de tempérament, de caractère, de première éducation, etc., qui se trouvent entre les enfants des deux sexes et les personnes qui les élèvent. Mais cette appropriation ne change pas la nature de l'œuvre de l'auteur, n'ôte rien à son mérite; elle en rendra l'usage commode, facile, et par conséquent plus utile et plus répandu. Heureuses les enfants dont les Maîtresses auront pratiqué *Les Douze Vertus d'une bonne Maîtresse!* Et plus heureuses encore ces Maîtresses elles-mêmes!

LES
DOUZE VERTUS

D'UNE

BONNE MAITRESSE

I

LA GRAVITÉ.

La gravité est une vertu qui règle tout l'extérieur d'une Maîtresse, conformément à la modestie, à la bienséance et au bon ordre.

Une Maîtresse qui a cette vertu, tient donc le corps dans une assiette naturelle, sans gêne ni affectation; elle ne remue pas la tête, ne la tourne pas légèrement de côté et d'autre, ni à chaque mot qu'elle dit; elle a le regard assuré et serein, sans sévérité, elle ne rit point en parlant, et ne fait pas de contorsions; elle a l'air affable; elle parle peu et d'un ton modéré; elle n'est, dans ce qu'elle dit, ni aigre, ni piquante, ni hautaine, ni malhonnête envers qui que ce soit.

Persuadée que la gravité, la modestie, la réserve, n'excluent pas la bonté ni une tendre affection, elle cherche par ces aimables qualités à se concilier l'amitié des élèves, parce qu'elle sait qu'alors elles auront plus d'empressement pour accourir à ses leçons, plus de docilité à les recevoir, et plus de fidélité à les mettre en pratique; mais elle ne se rend pas trop libre avec elles, elle n'a d'intimité ni de familiarité avec aucune.

Loin de se proposer uniquement de s'en faire craindre, son but principal est de s'attirer leur confiance pour mieux connaître les vertus qu'elles peuvent avoir, afin de les cultiver et de les perfectionner; pour apercevoir plus facilement leurs vices et leurs défauts, afin de les corriger, sinon tout à fait, au moins autant que la chose est possible. Pour cet effet, elle écarte soigneusement de sa conduite tout ce qui ressentirait la dureté, la fierté, la suffisance; en un mot, tout ce qui la ferait paraître austère, de mauvaise humeur, indifférente, difficile à contenter. Elle évite également un ton trop imposant, trop dur, qui empêche les enfants de se montrer telles qu'elles sont, qui les porte à se dérober à l'œil de la Maîtresse, à cacher le mal auquel elle pourrait remédier si elle le connaissait, et leur ôte la liberté de laisser éclore le germe des bonnes qualités qui se trouvent en elles.

Elle veut encore s'en faire estimer et respecter; car les élèves n'écouteraient pas ce que leur enseignerait une Maîtresse qu'elles n'estimeraient pas; elle n'oublie donc jamais l'obligation qu'elle a d'être pour elles un exemple continuel de toutes les vertus; elle annonce, dans tout son extérieur, une retenue et une décence qui sont le fruit de la maturité de son esprit, de sa piété, de sa sagesse; mais surtout elle a soin de conserver la tranquillité d'âme par l'égalité de caractère et d'humeur (1). Elle

(1) Cette égalité consiste à ne pas se laisser troubler par les événements, quels qu'ils soient. On l'acquiert en se formant une idée juste des choses, en modérant ses désirs et ses craintes, en se préparant à tout ce qui peut arriver.

s'interdit aussi les postures molles et peu séantes, trop d'enjouement, et tout ce qui tient à la frivolité. Cependant, comme la gravité portée trop loin la rendrait ridicule et insupportable, elle la renferme dans ses justes bornes. C'est ainsi que cette vertu, bien entendue et fondée sur des sentiments élevés, établit le bon ordre dans une classe; c'est par elle que la Maîtresse ne se manque pas à soi-même, qu'elle contient ses élèves dans le devoir, et qu'elle leur inspire de l'attachement, de la confiance, de l'estime et du respect.

Outre les défauts contraires à la gravité dont nous avons parlé, en voici encore d'autres qu'une Maîtresse doit singulièrement éviter : les emportements, les violences, les regards fiers et menaçants, l'impatience, la grossièreté, les puérilités, les tons impérieux, les paroles injurieuses ou dictées par une douceur simulée et ironique.

Il ne lui suffirait pas de se préserver de ces défauts, si elle n'évitait encore les grimaces, les plaisanteries, les pénitences qui troubleraient l'ordre, qui feraient rire, qui seraient indécentes; des façons de faire et de parler qui ne conviendraient pas dans une classe, des manières méprisantes, dures, un visage sombre, renfrogné, certaines manières de tousser, de cracher et autres bruits analogues; les affectations ridicules, comme de grossir sa voix, de prendre des airs de hauteur, un air trop magistral, trop absolu, pédantesque, un dehors mystérieux, guindé, suffisant, fâcheux, renchéri; les mouvements de corps précipités, les haussements d'épaules; les gesticulations trop grandes, les coups frappés sur le marchepied, sur le siège ou sur les tables, pour étonner les élèves et leur faire peur.

Soyez l'exemple des fidèles par la parole, par votre conduite, par la charité, par la foi. i. Tim. IV. 12.

Annoncez ces choses, exhortez et reprenez avec toute autorité; évitez que personne ne vous méprise, c'est-à-dire ne vous regarde comme son inférieur en vertu, et pour cela ne fasse peu de cas de vous. Tit. II. 15.

II

LE SILENCE.

Sous le nom de *silence*, nous entendons ici généralement une sage discrétion dans l'usage de la parole; discrétion qui fait qu'une Maîtresse se tait quand elle ne doit pas parler, et qu'elle parle quand elle ne doit pas se taire.

Cette vertu renferme donc deux fonctions : elle apprend à une Maîtresse l'art de se taire, elle lui apprend celui de parler; ainsi elle lui fait éviter deux défauts opposés qu'elle condamne; savoir, la taciturnité et la loquacité.

La première fonction du silence produit l'ordre et la tranquillité dans la classe, assure les progrès et l'avancement des élèves, procure le repos de la Maîtresse et la conservation de sa santé; trois choses auxquelles une Maîtresse ne peut pas manquer, sans s'exposer à de grands inconvénients.

En effet, si elle parle beaucoup, les élèves

parlent de même. Elles font indiscrètement des questions et des réponses; elles s'immiscent dans ce qui ne les regarde point; elles se justifient et veulent justifier les autres : ce n'est plus qu'un bourdonnement général dans la classe.

D'ailleurs, il est d'expérience que les Maîtresses qui parlent beaucoup, sont peu écoutées, et qu'on fait peu de cas de ce qu'elles disent; mais que si elles parlent peu, bien, et à propos, les élèves font attention à ce qui leur est dit, qu'elles le goûtent, le retiennent et en profitent.

Il est encore d'expérience que les Maîtresses qui aiment à parler beaucoup, sont dans une agitation perpétuelle, et qu'elles fatiguent à l'excès leur poitrine. L'enseignement est très pénible de sa nature; pour s'en acquitter comme il faut, une bonne Maîtresse, sans doute, se sacrifie bien volontiers, mais c'est toujours avec sagesse : elle évite donc toute imprudence, et principalement toute manière d'instruire, qui, sans être utile, porte un plus grand préjudice à sa santé.

Les signaux dont l'usage est convenu, procurent l'avantage singulier de garder le silence lorsque l'on fait la classe. Ils ont été établis pour avertir et reprendre les élèves, pour leur faire connaître tout ce qu'elles ont à faire, en sorte que la Maîtresse ne doit parler que lorsqu'elle ne peut faire comprendre, par signe, ce qu'elle exige d'elles. Ainsi les signes, en avertissant une Maîtresse de se taire, l'avertissent en même temps de parler lorsqu'ils ne suffisent point; et c'est ici qu'une Maîtresse commence à remplir la seconde fonction du silence.

Mais elle n'a à la remplir que dans trois occasions seulement : dans la lecture, pour faire connaître les fautes qu'aucune élève ne peut reprendre, et pour donner l'explication, les avertissements, les ordres, les défenses nécessaires; dans le catéchisme, pour expliquer et pour aider les élèves à bien répondre; et dans les prières du matin et du soir, pour exhorter et faire quelques réflexions; mais alors elle ne doit dire précisément que ce qui est nécessaire. Si elle parlait plus, elle pécherait contre la première fonction de la vertu du silence.

Au reste, l'objet principal de la Maîtresse

étant de former les enfants aux vertus chrétiennes, elle doit en général éclairer leur esprit,
et émouvoir leur cœur sur les vérités qu'elle a
à leur enseigner. Pour instruire, elle doit
se préparer, comme nous le dirons dans la
vertu de prudence. Pour rendre ses discours
touchants, elle doit travailler à se pénétrer des
sentiments qu'elle veut inspirer à ses disciples.
Si vous voulez persuader, dit saint Bernard (1),
c'est par les sentiments affectueux, bien plus
que par les déclamations que vous pouvez y
réussir. Aussi une infinité d'exemples prouvent
que tandis qu'une Maîtresse habile s'épuise en
vain, par un travail d'autant plus pénible, que
le véritable zèle y a moins de part, une autre,
très inférieure en talents, mais bien pénétrée
de ce qu'elle annonce, opère les effets les plus
salutaires.

D'après toutes ces réflexions, une bonne
Maîtresse regardera en général comme des
fautes qui sont contraires au silence, et qu'elle
doit éviter, premièrement, de parler sans nécessité, ou de se taire quand il faut parler;

(1) Serm. 59, n. 83, sur les Cantiques.

secondement, de dire mal ce qu'elle doit dire, pour n'en avoir pas prévu le sujet, la nécessité, les temps convenables, les circonstances, ni le bien ou le mal qui pourrait en résulter; ou bien en s'exprimant sans force, sans précision, sans justesse, en hésitant et cherchant bien loin ses termes, en parlant sans savoir ce qu'elle dit, avec diffusion et sans méthode. Troisièmement, de rester trop longtemps à parler avec quelques élèves, avec leurs parents, avec d'autres externes, ou avec ses compagnes, lors même qu'il y a utilité. Quatrièmement, de s'occuper des nouvelles publiques, d'entendre celles que les élèves veulent lui apprendre. Cinquièmement enfin, de parler trop vite ou trop pesamment, ou en bredouillant, ou trop haut, ou si bas, que les élèves ne puissent entendre ou ne puissent aisément comprendre ce qu'elle leur dit.

Les hommes rendront compte au jour du jugement de toutes les paroles inutiles qu'ils auront dites. S. Matth. XII, 38.

Instruisez donc d'une manière qui soit digne de la sainte doctrine. Tit. II, 1.

Lorsque vous parlez, dit saint Bernard, *ne*

précipitez point vos paroles; n'en dites que de vraies; et qu'elles aient du poids; et ne parlez que de Dieu ou pour Dieu.

III.

L'HUMILITÉ.

L'*humilité* est une vertu qui nous inspire de bas sentiments de nous-même, en nous rendant la justice qui nous est due; elle nous fait donc connaître ce que nous sommes, suivant ces paroles de l'Apôtre : *Qu'avez-vous que vous n'ayez reçu; Et si vous l'avez reçu, pourquoi vous en glorifiez-vous* (1)? Ainsi elle combat directement l'orgueil qui nous donne injustement une haute idée de notre excellence; ce vice, en effet, est une erreur, une vaine enflure qui nous élève et nous fait paraître à notre propre jugement plus grands que nous ne sommes dans la vérité.

(1) I. Cor, IV. 78.

Notre divin Sauveur nous apprend la nécessité de cette vertu, lorsqu'il nous dit : *Je vous assure que si vous ne devenez semblables à de petits enfants, vous n'entrerez point dans le royaume des cieux* (1). Menace effrayante, qui regarde singulièrement ceux qui sont chargés d'instruire les enfants.

Mais quels sont les vrais caractères de l'humilité dans une bonne Maîtresse? C'est ce que nous allons expliquer :

1° L'humilité d'une bonne Maîtresse doit être chrétienne. Elle sera donc fidèle à ce qu'elle doit à Dieu et à ce qu'elle doit au prochain, c'est-à-dire, non seulement à ses Supérieures, mais encore à ses égales et à ses inférieures : ainsi une Maîtresse qui sera la première entre plusieurs, n'aura garde d'exiger ni même de souffrir des autres, des services bas et abjects qu'elle peut se rendre elle-même. Si elle l'exigeait, ce serait de sa part une action très contraire à l'humilité. Une bonne Maîtresse sera humble d'esprit, en connaissant bien sa propre bassesse; elle sera

____

(1) Matth. xviii, 3.

humble de cœur, en aimant son abjection ; elle sera humble d'action, en agissant conséquemment en toute circonstance.

Sans doute elle n'oubliera jamais l'excellence, la noblesse de la fin pour laquelle elle a été créée ; mais en même temps elle abaissera les yeux sur le malheureux état où elle se trouve depuis le péché du premier homme ; ténèbres dans l'entendement, qui, sans être entières, sont très considérables ; faiblesse plus grande dans la volonté ; impuissance réelle de faire aucun bien surnaturel sans le secours de Dieu : tel est le triste apanage de l'humanité, selon ce que la Religion le lui apprend. Elle sait, à la vérité, que Dieu ne lui manquera jamais au besoin, à moins qu'elle ne l'abandonne la première. Mais lors même qu'elle se *croit debout*, ne doit-elle pas toujours craindre de *tomber* (1), et conséquemment opérer son salut avec crainte et tremblement? Elle ne peut se rassurer qu'en agissant conformément à ces belles paroles de l'apôtre saint Pierre *Efforcez-vous d'assurer, par de bonnes œu-*

____

(1) ı. Cor. x, 12.

vres, votre vocation et le choix que Dieu a bien voulu faire de vous. Si vous y êtes fidèles, non seulement vous ne pécherez jamais, mais vous irez de vertu en vertu, et vous vous trouverez abondamment pourvus de tout ce qui peut vous ouvrir l'entrée du royaume éternel de J.-C. notre Sauveur et notre Dieu (1).

2° L'humilité est accompagnée de la modestie. Ainsi une Maîtresse qui a véritablement cette vertu, s'estime très honorée de travailler au salut des âmes, à l'exemple de Jésus-Christ et des Apôtres, dans une fonction dont se sont glorifiés un grand nombre de Saints qui ont éclairé l'Église par leurs lumières, autant qu'ils l'ont édifiée par leurs vertus.

Si elle a de la capacité, elle n'en fait point ostentation: elle ne montre pas de suffisance, de fierté, de hauteur; elle s'abstient des traits, des gestes, des airs, des façons étudiées, qui tendraient à lui donner du relief aux yeux des hommes, à faire admirer les qualités qu'elle croirait avoir; elle ne se complaît ni dans son

____

(1) ii. Pet. 1, 10 et 12.

esprit, ni dans les sciences qu'elle pourrait avoir acquises : à plus forte raison elle ne méprise ni ses compagnes, ni ce qu'elles font. Elle ne cherche pas à être louée dans ce qu'elle fait, ni applaudie dans ses succès; elle ne s'attribue point à elle-même la gloire qui n'est due qu'à Celui qui dispense les talents comme il lui plaît; elle la rapporte tout entière *à Dieu seul* (1). Si elle ne fait pas toujours parmi ses élèves tous les fruits qu'elle en espère, si même elle n'en fait aucun, elle s'en impute la faute à elle-même; elle cherche à la connaître pour la réparer; mais ensuite elle reste en paix et soumise à la Providence, sachant que ce n'est pas de celui qui plante ni de celui qui arrose, mais de Dieu, que vient l'accroissement.

3° L'humilité exclut tout motif de vaine gloire. Rien en effet n'est plus frivole que le désir de l'estime des hommes : c'est, dit Pierre de Blois (2), *un vent brûlant qui dessèche les ruisseaux de la grâce.* Ce désir est encore incompatible avec les maximes de l'Évangile : Jésus-Christ disait à ses Disciples (3) :

______

(1) I. Tim. I 17. — (2) De Imit. Esprit. — (3) Matt. XXIII, 10

N'aimez *pas* à *être appelés Maîtres, ni* à être *salués comme Docteurs :* il vous importe peu d'être connus des hommes. Ce qui vous est nécessaire, *c'est que vos noms soient écrits dans le ciel* (1).

4° L'humilité est sans ambition. Comme une âme véritablement humble ne se croit propre et utile qu'à peu de chose, elle ne cherche pas les postes et les emplois relevés; elle ne désire pas tenir une Classe plutôt qu'une autre; mais elle se persuade que celle où elle a été appelée par la divine Providence, lui convient mieux qu'une autre, qu'elle lui fournira plus de moyens de glorifier Dieu, et lui attirera plus de grâces pour employer ces moyens dans toute leur étendue.

2° L'humilité est sans jalousie. Une Maîtresse qui est humble, loin d'être peinée des succès des autres qui fournissent la même carrière, aime au contraire à voir qu'elles l'égalent, qu'elles les surpassent, qu'elles réussissent mieux dans l'enseignement. Aussi elle ne se fera pas valoir comme ayant plus de mérite

(1) Luc, x, 20.

qu'une autre; elle ne se laissera pas non plus aller à la froideur envers celles qui lui seront préférées; et de même elle ne conservera pas d'aigreur contre celles qui l'estimeront moins que les autres Maîtresses.

6° L'humilité se défie de ses lumières. Si donc une Maîtresse a véritablement cette vertu, comme il doit y avoir de l'unité dans l'enseignement, elle n'abondera pas dans son sens; elle se conformera aux autres Maîtresses et gardera avec elles l'uniformité de conduite; elle n'aura recours à aucune méthode particulière, à aucun usage extraordinaire pour instruire à sa mode, considérant le tort que les élèves pourraient en souffrir, et la peine qu'elle occasionnerait aux Maîtresses qui lui succéderaient.

Comme elle est timide en ce qu'elle fait, elle cherchera à se rassurer sur l'habileté des autres; elle les consultera; elle recevra en bonne part leurs avis, leurs avertissements, leurs instructions, en un mot, tout ce qui pourra la mettre en état de s'acquitter plus parfaitement de son emploi.

7° L'humilité fait qu'une Maîtresse aime à

communiquer sa science aux petits et aux simples. Elle s'occupe donc avec zèle à évangéliser les pauvres, à instruire les ignorants, et à apprendre aux enfants les éléments de la Religion. Mais, si sa science est sans humilité, elle abandonne aisément les parties de l'enseignement qui ont le moins d'éclat, quoiqu'elles soient peut-être les plus utiles.

8° L'humilité d'une bonne Maîtresse est courageuse. Elle ne se fait aucune peine de ce qu'il peut y avoir de bas et de rebutant dans les Classes et dans les élèves; elle reçoit les enfants avec bonté, avec douceur; elle souffre, sans montrer aucune répugnance, leurs défauts naturels, leur grossièreté, leur inaptitude, les vices de leurs caractères; elle en supporte patiemment l'indocilité, les impolitesses, l'ingratitude, les résistances, les insultes, sans se livrer au ressentiment, à la vengeance, lors même que ces fautes la regardent personnellement; néanmoins, elle n'oublie pas qu'elle doit toujours réprimer tout ce qui pourrait affaiblir son autorité, et donner lieu à la mutinerie, à l'insolence, à l'inapplication ou aux autres manquements des élèves.

9° L'humilité fait qu'une bonne Maîtresse traite ses égales, ses inférieures, avec estime, cordialité, amitié et bonté.

10° L'humilité fait qu'une bonne Maîtresse endure sans tristesse la confusion que ses méprises, ses maladresses, le défaut de succès, peuvent lui attirer. Les élèves ne sauraient en effet qu'être édifiées de son exemple, pour l'imiter ensuite elles-mêmes, lorsqu'elles se trouveront dans de pareilles circonstances.

11° L'humilité d'une bonne Maîtresse est charitable. Elle la rend aimable, obligeante, serviable, de facile abord, surtout aux pauvres et à ceux pour lesquels elle se sentirait de l'éloignement. Elle ne prend donc jamais envers ses élèves un air insultant, méprisant, dédaigneux.

12° Enfin, outre les défauts dont nous venons de parler, l'humilité condamne encore en général les suivants : savoir, les manques d'égards, l'indifférence pour les autres, des façons d'agir importantes, précieuses, recherchées envers ses égales et les élèves; l'égoïsme, qui fait qu'on n'est occupé que de sa personne, et qu'on rapporte tout à soi; une défiance excessive de soi-même, qui n'est qu'une fausse humilité, bien condamnable dans le cas où, craignant de ne pas réussir, elle refuse de s'employer autant que la gloire de Dieu et l'obéissance le demandent; l'esprit d'indépendance qui fait qu'on ne suit que ses idées, et qu'on veut n'être subordonné, pour ainsi dire, à personne dans l'exercice de son emploi; en sorte qu'on rend avec peine à une Directrice, à une Inspectrice, les devoirs de prévenance, d'honnêteté qu'on doit remplir à leur égard, comme de les prier de s'asseoir à sa place pendant les exercices; de leur demander ce qu'elles désirent qu'on fasse faire; de les accompagner pour répondre à ce qu'elles peuvent demander; de leur donner tous les éclaircissements qu'elles exigent; de leur mettre en main les cahiers des élèves; de recevoir leurs observations et leurs avis, etc.

L'humiliation suivra le superbe, et la gloire sera le partage de l'humble d'esprit. Prov. XXXIX, 23.

Que chacun, par humilité, croie les autres au-dessus de lui. Phil. II, 3.

IV

LA PRUDENCE.

La *prudence* est une vertu qui nous fait connaître ce que nous devons éviter, en nous indiquant les moyens sûrs et légitimes de parvenir à une fin louable. Elle détermine donc l'usage que nous devons faire de notre intelligence, et de l'attention de notre esprit, pour prévenir le repentir en chacune des démarches ou des entreprises de la vie. Au reste, les moyens qu'elle emploie seront toujours légitimes, s'ils sont inspirés par la raison ou par la foi, et ils seront sûrs, s'ils ne sont insuffisants ni excessifs.

Comme la principale fin d'une bonne Maîtresse est l'éducation des enfants, la prudence l'éclaire conséquemment sur les moyens qu'elle doit prendre pour les bien élever, en formant leur esprit et leur cœur : ainsi c'est une vertu très estimable; elle est même un des arts les plus excellents, dit saint Chrysostôme (1) ; car, ajoute-t-il, *un bon Maître l'emporte infiniment sur un habile peintre, sur un habile statuaire, et sur les autres artistes;* d'où il faut conclure qu'on peut lui appliquer singulièrement ces paroles de l'Esprit-Saint : *Heureux l'homme qui abonde en prudence* (2).

Comme les fonctions de cette vertu sont de bien délibérer, de bien juger, de bien ordonner, une Maîtresse doit s'étudier à les remplir comme il faut : elle ne peut, en effet, s'assurer du succès dans l'éducation des enfants, sans s'être assurée de l'infaillibilité des moyens qu'elle emploie pour les bien élever, et elle ne peut en être assurée sans avoir examiné, discuté, cherché, découvert quels sont ces moyens.

Néanmoins il est possible, en général, qu'elle se trompe dans son jugement, mais ce n'est

______

(1) Quid majus quàm animis moderari, quàm adolescentulorum fingere mores? Omni certé pictore, omni certé statuario, cæterisque hujusmodi omnibus, excellentiorem hunc ducto, qui juvenum animos fingere non ignoret. *Hom.* 60. *Matth.* 18.

(2) Prov. III, 13.

pas lorsqu'elle agit avec prudence : car, ou la chose dont elle juge est évidente, ou elle est douteuse. Dans le premier cas, elle ne saurait se tromper; et dans le second, avant de prononcer, elle réfléchit avec l'attention requise pour ne dire que ce qu'elle sait, et pour ne donner que comme conjecture, ce qui est seulement conjectural.

Mais, pour s'acquitter dignement des fonctions de la prudence, elle a soin de faire usage des parties qu'elle renferme, et qui sont au nombre de huit; savoir : la mémoire, l'intelligence, la docilité, l'adresse, le raisonnement, la prévoyance, la circonspection et la précaution.

La mémoire. Il est de la prudence d'appliquer à l'avenir l'expérience du passé : rien ne ressemble plus à ce qui se fera, que ce qui s'est déjà fait. Une bonne Maîtresse saura donc profiter de ce qu'elle a appris; elle s'instruira utilement par les fautes et les succès d'autrui, dont elle est informée, et ne manquera pas de suivre fidèlement les conseils des personnes expérimentées.

L'intelligence. La prudence demande qu'on

connaisse pleinement l'objet dont on s'occupe, et les moyens qui conviennent pour le remplir.

Une Maîtresse cherchera donc premièrement à bien étudier et à bien approfondir le génie et le caractère des enfants, pour proportionner ses leçons à leur capacité, à leurs besoins, et pour les rendre utiles. Par exemple, il en est telle que la crainte retient, et telle, au contraire, qu'elle abat et décourage. On en voit dont on ne peut rien tirer qu'à force de travail et d'application; d'autres qui n'étudient que par boutade et par saillie. Vouloir les mettre toutes de niveau, et les assujettir à une même règle, c'est vouloir forcer la nature.

La prudence de la Maîtresse consiste à garder le milieu qui s'éloigne également des deux extrémités : car ici le mal est tout près du bien et il est aisé de prendre l'un pour l'autre, et de s'y tromper : c'est ce qui rend si difficile la conduite des jeunes filles.

Secondement, une Maîtresse préparera soigneusement le sujet de chaque leçon qu'elle veut donner : c'est donc ici le lieu de traiter, comme nous l'avons annoncé précédemment, une matière qui est aussi importante, et qui d'ailleurs doit entrer naturellement dans un ouvrage où l'on explique les vertus d'une bonne Maîtresse. Ainsi nous disons que la prudence exige d'une Maîtresse qu'elle se prépare avec soin, avant de donner chaque leçon; car il faut qu'elle se rappelle exactement les principes qui peuvent aisément échapper à la mémoire, et dont l'oubli occasionnerait de grandes méprises; il faut qu'elle cherche des raisons pour appuyer les principes; qu'elle les rassemble avec discernement et avec choix, et qu'elle ne saisisse pas au hasard tout ce qui s'offrirait dans une lecture rapide et peu réfléchie; il faut qu'elle donne de la clarté, de l'ordre, de l'arrangement à ses discours, pour en faciliter l'intelligence, et écarter l'embarras que la confusion et le désordre produiraient infailliblement dans les esprits; il faut enfin qu'elle se mette en état de s'exprimer avec la dignité, la convenance dues à l'enseignement, et sans lesquelles ce qu'elle dit exciterait souvent l'ennui, le dégoût, et quelquefois le mépris de celles qui l'écoutent; cela demande évidemment une préparation et du travail; et si, en négligeant l'un et l'autre, on s'attend que

Dieu y suppléera par un secours extraordinaire, cette attente ne ressemble-t-elle pas plus à la témérité d'un homme qui tente Dieu, qu'à la sécurité de celui qui se confie justement en sa bonté et en son pouvoir?

Il est, à la vérité, des Maîtresses si pleines de tout ce qui peut servir à l'instruction de leurs élèves, qu'elles sont souvent prêtes à enseigner différentes matières sans préparation : ce sont celles que Jésus-Christ compare à un père de famille qui est toujours en état de tirer de son trésor des richesses anciennes et nouvelles qu'un travail assidu leur a acquises : mais il faut avouer que cette facilité et cette abondance, qui ne peuvent être que l'effet d'un talent supérieur, joint à un long exercice de l'enseignement, ne sont pas le partage de la multitude, et que, pour le commun des Maîtresses, entreprendre, sans s'être préparée, de traiter en public les vérités les plus importantes de la Religion, c'est de la témérité, de la présomption, du mépris, en quelque sorte, pour une fonction telle que celle dont il s'agit.

La docilité. Celles même à qui un âge plus mûr donne de l'expérience, doivent être disposées à s'instruire toujours, si elles veulent être prudentes : car, dit saint Thomas, personne ne se suffit jamais entièrement à soi-même, en ce qui dépend de la prudence. Une bonne Maîtresse se défiera donc de ses propres lumières, comme nous l'avons déjà observé, et ne fera rien d'important sans avoir consulté.

L'adresse regarde l'exécution des justes projets qu'on a formés. Ainsi la prudence veut qu'une Maîtresse préfère toujours les moyens qui lui paraissent les plus propres à assurer le succès de ce qu'elle entreprend; cette vertu veut encore, par exemple, qu'elle donne à ses paroles, à ses actions, la même attention que si elle était sous les yeux des hommes; qu'elle s'étudie à une parfaite discrétion, sans laquelle elle ne pourrait réussir; qu'elle soit tellement réservée, que les élèves ne connaissent pas toujours ce qu'elle pense et tout ce qu'elle prémédite à leur sujet.

Le raisonnement. C'est l'art de raisonner juste, pour se garantir des erreurs où l'on pourrait tomber; c'est celui dans lequel doit exceller une Maîtresse prudente pour poser des principes incontestables sur les sciences qu'elle enseigne, et pour en déduire des conséquences certaines qui emportent nécessairement la conviction de l'esprit.

La prévoyance. C'est une disposition sage des moyens qui conduisent à la fin; ou, si l'on veut, c'est l'action de l'esprit par laquelle on conjecture par avance ce qui peut arriver suivant le cours naturel des choses. Sous le premier rapport, la prudence veut qu'une Maîtresse emploie assez de temps pour délibérer, si elle ne veut s'exposer au mauvais succès d'une entreprise; de même qu'elle lui interdit d'y employer trop de temps, si elle ne veut manquer l'occasion d'agir à propos. La prudence, d'ailleurs, règle et modifie les autres vertus d'une bonne Maîtresse : ainsi elle examine comment et jusqu'à quel degré ces vertus devront entrer dans chaque action; en sorte qu'elle prévoit et ordonne tous les moyens, ainsi que l'usage et la juste application qu'il faut en faire.

Sous le second rapport, la prudence fait conjecturer d'avance à une Maîtresse quelle sera l'utilité ou l'inutilité des moyens qu'elle peut prendre, afin de les rejeter on de s'en servir avec plus de sécurité.

La circonspection. C'est une attention réfléchie pour examiner mûrement un dessein avant de lui donner la dernière forme : ainsi une Maîtresse prudente n'agira pas sans avoir bien considéré ce qu'elle doit faire ; elle s'étudiera à prendre le parti le plus convenable, ayant égard aux circonstances des temps, des lieux, des caractères et des personnes.

Enfin, la précaution prévient avec soin les inconvénients de ce que l'on veut exécuter. C'est par elle qu'une Maîtresse prudente ne punira pas les élèves sans témoin, ni ne se trouvera jamais seule en aucun endroit avec une d'elles, à moins qu'elle ne soit à portée d'être vue par quelqu'un. C'est par la précaution qu'elle s'appliquera à ne rien dire ni faire, en présence des élèves, qu'elles puissent blâmer, ou dont elles puissent être scandalisées. C'est par elle qu'en reprenant publiquement les fautes publiques, la Maîtresse ne fera pas toujours connaître à toutes ses élèves celles que toutes ne savent pas, à cause du déshonneur et du scandale qui pourraient en arriver. C'est par cette vertu enfin qu'elle ordonnera tellement tout son extérieur, que les élèves n'aient pas sujet de penser qu'elle les craigne pour des défauts naturels qui pourraient être en elle.

D'après tout ce développement, il est aisé de juger comment une Maîtresse, avec un bon jugement, avec les connaissances ordinaires et celles que l'étude doit lui procurer, s'acquittera parfaitement des fonctions de la prudence; et on voit conséquemment aussi combien cette vertu lui est nécessaire.

On pèche contre la prudence de deux manières, par défaut ou par excès.

On pèche de la première manière, par la précipitation, l'étourderie, la témérité, le manque d'attention sur soi-même, l'inconsidération, la légèreté, la négligence, l'inconstance, l'attachement opiniâtre à son sens, la confiance aveugle dans des ressources tout humaines, etc.

On pèche de la seconde manière, par une fausse prudence, que l'Écriture appelle prudence de la chair. Elle ne juge en effet que d'après les sens, et n'a d'autres objets que de satisfaire un amour déréglé, une trop haute opinion de soi-même : ainsi elle s'occupe avec inquiétude des choses temporelles, soit pour le présent, soit pour l'avenir ; et les moyens dont elle se sert pour réussir dans ses vues, sont l'astuce, la tromperie et la fraude.

Soyez prudents comme les serpents. Matth. x. 16.

Acquérez la prudence, qui est plus précieuse que l'or. Proverbe xvi, 16.

V

LA SAGESSE.

La *sagesse* est une vertu qui nous fait connaître les choses les plus relevées, par les principes les plus excellents, pour y conformer notre conduite.

Elle diffère de la prudence, car celle-ci ne fait que supposer une fin louable, et une fin louable quelle qu'elle puisse être, au lieu que celle-là regarde directement l'objet de cette fin, et elle le regarde non seulement comme bon et louable, mais encore comme très grand et très important.

Il peut même arriver que l'une des deux vertus se trouve sans l'autre. Donnons-en d'abord un exemple général. On se propose de faire administrer à quelqu'un les derniers sacrements dans une maladie que l'on dit être grave et dangereuse, c'est évidemment un acte de sagesse; mais est-ce toujours en même temps un acte de prudence? Non, sans doute; il faut en effet savoir certainement, ou soupçonner avec raison que cette maladie est réelle et dangereuse. Or, il est possible, en pareil cas, qu'on se trompe, en manquant à la prudence, si, pour s'informer du fait, on remplit mal les fonctions de cette vertu; comme si l'on examine légèrement les circonstances, si l'on en juge avec précipitation, et si, en conséquence, on agit d'une manière inconsidérée.

Prenons encore ici un autre exemple tiré de la matière que nous traitons. Une Maîtresse veut faire aux enfants une instruction sur les objets qui la concernent, et en particulier sur le catéchisme, c'est évidemment un acte de sagesse par lequel elle cherche à remplir son obligation; mais si elle parle aux enfants d'une manière trop sublime, en sorte qu'elles n'entendent pas ce qu'elle leur dit; ou si elle emploie des expressions triviales et peu analogues à la grandeur des vérités qu'elle doit leur enseigner, il est sensible qu'elle pèche contre la prudence. Il y a donc une différence essentielle entre les deux vertus dont nous parlons.

Mais en quoi consiste la sagesse d'une bonne Maîtresse? Elle consiste à lui faire connaître, aimer, remplir le grand objet, l'objet infiniment précieux dont elle est chargée. De là il suit qu'une bonne Maîtresse doit commencer par imiter l'exemple de Salomon, en s'adressant avec humilité à l'auteur de tout don, au Dieu des sciences, au Père des lumières. *Donnez-moi,* lui disait ce prince, *cette sagesse qui est assise auprès de vous, et ne me rejetez pas du nombre de vos enfants..... Envoyez-la donc de votre sanctuaire qui est dans le Ciel, et du trône de votre grandeur, afin qu'elle soit et qu'elle travaille avec moi, et que je sache ce qui vous est agréable; car elle a la science et l'intelligence de toutes choses; elle me conduira dans toutes mes œuvres, avec une exacte cir-*

conspection, et me protégera par sa puissance; ainsi mes actions vous seront agréables (1).

Néanmoins il ne suffit pas à une bonne Maîtresse de prier : elle agirait imprudemment si, en instruisant les enfants, elle ne cherchait pas à s'instruire elle-même de ce qu'elle doit leur enseigner. Ainsi, elle s'appliquera à l'étude, comme nous l'avons dit en parlant de la prudence. La sagesse lui indiquera encore, elle lui fera approfondir et les sciences qu'elle est obligée de leur apprendre, et les principes de ces sortes de sciences : autrement elle ne dirait à ses élèves que des mots, ou bien elle ne leur donnerait que des idées sans fondement et sans liaison, dont le souvenir s'effacerait aisément.

D'ailleurs, en leur communiquant ses connaissances, elle aura grand soin en particulier de ne rien leur dire d'injurieux, de rebutant, ou qui soit capable de les porter au dégoût pour la Maîtresse ou pour la classe; de ne se conduire jamais par des opinions hasardées,

(1) Sag. IX. 4, 10, 11, 12.

ni par de faux préjugés, mais toujours par des maximes chrétiennes, par les lois divines et humaines, et aussi par celles de son état.

Mais, pour instruire les enfants avec plus de fruit, la sagesse n'exige-t-elle pas que la Maîtresse pratique elle-même les vertus auxquelles elle doit les former? *Si vous vous montrez bien convaincus de ce que vous enseignez*, dit saint Bernard (1), *vous donnerez à votre voix la voix de la force; la voix de l'action est bien plus que celle de la parole : agissez comme vous parlez.* Puisqu'elle apprendra aux enfants la science de diriger leurs actions conformément aux vraies règles, de modérer, de corriger leurs passions, de devenir véritablement et solidement heureuses, elle s'étudiera donc à leur donner l'exemple de ce qu'elle voudra leur enseigner; elle s'attachera et pour son instruction et pour la leur, à démêler ce qui est réellement bon d'avec ce qui ne l'est qu'en apparence; à bien choisir, et à se soutenir dans des choix éclairés; à disposer tout avec ordre et avec mesure; en un mot, à remplir

(1) Ser. 59 sur le Cantique des Cantiques.

exactement ses devoirs envers Dieu, envers elle-même et envers les autres.

Par là, elle acquerra cette sublime sagesse, qui renferme la science par excellence, la science sans laquelle toutes les autres ne sont rien en comparaison, celle qui découvre la voie du salut, et qui fait goûter à l'ame les choses du Ciel, dont elle lui montre toute la douceur et toute la solidité; celle qui nous apprend à nous conformer à ce que la Religion nous dicte; par exemple, à trouver les richesses dans la pauvreté, la joie dans les souffrances, une véritable élévation aux yeux de Dieu, dans des emplois bas et méprisables aux yeux des hommes; à faire un bon usage des biens et des maux de cette vie; à ne prendre aucune résolution, qu'avec des vues droites et justes; à ne tendre à sa fin que par des moyens légitimes; à joindre dans la conduite des enfants, une juste fermeté avec une louable douceur, les exemples avec les préceptes; à chercher toujours les avantages spirituels qui nous enrichissent pour l'éternité, plutôt que les avantages temporels qui ne sont que passagers; bien persuadés qu'il ne servirait de rien à l'homme de gagner tout l'univers, s'il venait à perdre son âme; que la terre et tous les biens de la terre passeront; mais que celui qui fait la volonté de Dieu, demeure éternellement. Telle est, en effet, la vraie sagesse que S. Jacques nous exhorte à demander à Dieu (1), et qui fera principalement la gloire et l'ornement d'une bonne Maîtresse.

Les défauts contraires à cette admirable sagesse, sont de préférer une satisfaction toute humaine à un acte de vertu surnaturel, et à l'accomplissement parfait de la volonté de Dieu, comme d'avoir plus d'empressement à acquérir des talents extérieurs et les sciences profanes, que la connaissance nécessaire de la Religion ; de s'appliquer plus volontiers à enseigner ce qui peut flatter l'amour-propre, qu'à former Jésus-Christ dans le cœur des élèves; de rechercher plutôt leur amitié, qu'à corriger leurs défauts, etc., etc.

Il y a encore une sagesse qui ne vient point *d'en haut*, mais qui est au contraire *une sagesse terrestre, animale et diabolique*, suivant

____

(1) Jacq. 1, 5.

l'expression de S. Jacques (1). C'est une fausse sagesse, que les passions aveuglent, et qui ne suit que ce que lui suggère la malignité de l'esprit : elle n'adopte que les maximes du monde, et elle réprouve celles de l'Évangile; elle se met plus en peine d'acquérir les vertus qui peuvent être agréables aux hommes, que celles qui peuvent plaire à Dieu : elle n'agit que d'après des motifs intéressés, ne cherchant que ce qui peut lui être utile. D'ailleurs, pour séduire et tromper plus sûrement les autres, elle s'étudie à se déguiser, en paraissant affable, douce, liante, polie; mais elle ne fait réellement aucune difficulté d'employer l'intrigue, la ruse, la fraude, l'artifice, pour aller à ses fins : ce n'est donc qu'une véritable folie, dont les fruits malheureux sont l'esprit d'opposition, la contention et la jalousie.

La sagesse est pleine de lumière, et sa beauté ne se flétrit point : ceux qui l'aiment la découvrent aisément; et ceux qui la cherchent la trouvent. Sag. VI, 13.

Elle est un trésor infini pour les hommes;

(1) Jacq. III, 15.

et ceux qui en ont usé sont devenus les amis de Dieu, et se sont rendus recommandables par les dons de la science. VII, 14.

La sagesse a ouvert la bouche des muets, et elle a rendu éloquente la langue des petits enfants. X, 21.

VI

LA PATIENCE.

La *patience* est une vertu qui nous fait surmonter, sans murmurer et avec soumission à la volonté de Dieu, tous les maux de cette vie, et particulièrement les peines qui sont attachées à l'éducation de la jeunesse. Elle n'ôte pas, il est vrai, le sentiment de la douleur; mais, dit saint François de Sales, elle le modère, en nous faisant ressouvenir souvent que *Notre-Seigneur nous a sauvés en souffrant et endurant, et que de même nous devons faire notre salut par les souffrances et par les af-*

*flictions, en endurant les injures, les contra-
dictions et les déplaisirs avec le plus de
douceur qu'il nous sera possible* (1).

La patience est non seulement nécessaire,
mais elle a son utilité particulière dans tous
les maux.

Elle est nécessaire, parce que la loi naturelle nous en fait un devoir, et que murmurer
des événements, c'est outrager la Providence.
Elle est utile, parce qu'elle rend les souffrances
plus légères, moins dangereuses et plus cour-
tes.

Le fruit de la patience chrétienne, suivant la
parole de Notre-Seigneur Jésus-Christ (2),
est la possession tranquille de nos âmes; et
plus la patience est parfaite, plus nous les pos-
sédons parfaitement, comme dit encore saint
François de Sales.

Cette vertu, en effet, en contient ses puissances dans les justes bornes dont elles ne
doivent pas sortir : ainsi elle empêche tout emportement dans les occasions mortifiantes; elle

(1) Introduction à la Vie dévote, liv. III, chap. III.
— (2) Luc. xxv, 19.

mûrit les desseins, et en rend l'exécution plus aisée; tandis que la précipitation, au contraire, rend souvent inutiles des projets bien concertés; elle adoucit les peines, et calme l'esprit; elle bannit les accès de tristesse; elle défend les paroles aigres, les dépits, les mauvaises humeurs, les découragements, les inquiétudes, les empressements déraisonnables, les promptitudes, les vivacités.

La pratique de cette vertu consiste donc, comme nous l'avons dit, à accepter sans nous plaindre tous les maux qui nous arrivent. A l'égard des torts qui nous seraient faits, voici ce que recommande le Saint que nous venons de citer : *Plaignez-vous-en*, dit-il, *le moins que vous pourrez; car il est certain que, pour l'ordinaire, qui se plaint pêche, parce que l'amour-propre nous fait toujours ressentir les injustices plus grandes qu'elles ne sont; mais surtout ne faites point vos plaintes à des personnes aisées à s'indigner et à mal parler. Que s'il est expédient de vous plaindre à quelqu'un, ou pour remédier à l'offense, ou pour apaiser votre esprit, il faut que ce soit à des âmes tranquilles, et qui aiment bien*

Dieu : car autrement, au lieu d'alléger votre cœur, elles le provoqueraient à de plus grandes inquiétudes : au lieu d'ôter l'épine qui vous pique, elles l'enfonceraient plus avant.

Tout ce que nous venons de dire de la patience en général, s'applique aisément à une bonne Maîtresse. Comme elle est presque toujours avec les enfants, cette vertu consiste, pour elle, à supporter les désagréments et les dégoûts qui peuvent se rencontrer dans son emploi; à ne se faire conséquemment aucune peine des airs, des plaisanteries, des mauvaises manières des élèves ou de leurs parents, à compatir à la faiblesse de la raison et de l'âge des enfants, de même qu'à la légèreté de leur esprit, et à leur inexpérience; à ne se rebuter jamais, ni se lasser de leur répéter souvent et très longtemps les mêmes choses, et toujours avec bonté et affection, pour les inculquer dans leur mémoire, quelque difficulté, quelque ennui que l'on puisse y trouver. En effet, à force d'instruire, d'avertir, de remontrer, de reprendre, on parvient tôt ou tard au but qu'on se propose. Déjà les idées justes et raisonnables qu'on n'a cessé de présenter, commencent, pour ainsi dire, à prendre racine : les sentiments pieux et chrétiens, ceux de droiture et d'honnêteté, s'insinuent insensiblement dans le cœur tendre et flexible des enfants bien disposés; et enfin l'on recueille des fruits d'autan plus abondants, qu'ils ont été plus longtemps attendus. Une bonne Maîtresse n'oubliera donc jamais ces paroles de S. Jacques que *la patience contient la perfection de l'œuvre* (1).

Les défauts contraires à cette vertu sont de rebuter les élèves par des paroles offensantes et grossières, de les rudoyer par des brusqueries, des traitements violents, par des coups; de faire des corrections injustes, dictées par l'irritation de l'amour-propre, par une impétuosité qui ne prend pas le temps de réfléchir, avant que d'agir ou de parler.

C'est par votre patience que vous posséderez vos âmes. Luc. xxi, 19.

La patience contient la perfection de l'œuvre. S. Jac. 1, 4.

Vous avez besoin de patience, afin que, faisant la volonté de Dieu, vous remportiez la récompense promise. Hébreux. x, 36.

(1) Jacq. 1, 4.

4

VII

LA RETENUE.

La *retenue* est une vertu qui nous fait penser, parler, agir avec modération, discrétion et modestie.

Elle diffère de la patience. Toutes deux, à la vérité, doivent avoir la modération pour compagne; mais la première, afin de prévenir le mal, et la seconde, afin de le supporter. La retenue diffère de cette partie de la prudence qu'on nomme la précaution, en ce qu'elle prévient directement le mal; soit en elle-même, soit au dehors; au lieu que la précaution ne le prévient directement qu'à l'extérieur.

Enfin elle diffère de la gravité. Celle-ci n'a pour objet principal que ce qui est à l'extérieur; mais la retenue a pour objet essentiel, non seulement ce qui est au dehors, mais encore ce qui est intérieur.

Par là on comprend, en général, que la retenue est distinguée de la précaution et de la gravité, comme une cause est distinguée de ses effets, comme une source diffère de ses ruisseaux : mais, en même temps, on conçoit que les vertus d'une bonne Maîtresse, bien qu'elles soient toutes différentes, sont cependant si intimement unies, qu'elles se tiennent entre elles comme par des nœuds indissolubles, en sorte qu'on ne peut blesser l'une sans en blesser souvent plusieurs autres.

La retenue consiste donc à se modérer dans les occasions que l'on rencontrerait de s'emporter, de se fâcher, à ne se permettre rien qui ne soit honnête et hors d'atteinte à toute juste censure, à tout mauvais soupçon. Elle apprend à régler toute sa conduite, de manière que les élèves ne puissent rien y remarquer que d'imitable et de bienséant. Elle veut qu'on agisse partout d'après les égards, les ménagements, la considération que demandent l'innocence des élèves, la faiblesse de leur âge, leur facilité à prendre toutes sortes d'impressions, à imiter le mal ; sachant qu'un mot, un geste, un sourire, un clin d'œil, un rien en apparence met en jeu leur imagination, devient pour elles un objet fécond de rêverie, d'une source abondante de conclusions, et décide quelquefois de leurs mœurs pour la suite.

Elle évite encore toute amitié, toute liaison dangereuse avec les élèves. Elle défend de les toucher au visage; de les caresser, de rire avec elles, de recevoir leurs embrassements. Enfin elle ne perd jamais de vue l'opinion où sont les enfants, que leurs parents, leurs Maîtresses doivent être sans défaut, et au-dessus des faiblesses ordinaires, ne faisant rien qui contredise une pareille persuasion, et se souvenant d'ailleurs que parmi ces enfants, il peut s'en trouver qui aient assez de méchanceté pour donner les plus malignes interprétations à des paroles et à des actions, où la malice d'un cœur déjà corrompu leur ferait apercevoir les plus légères apparences du mal.

Comme la retenue dans les pensées produit la retenue dans les paroles et dans les actions, il est très important d'apprendre à bien penser, c'est-à-dire à bien réfléchir sur les choses, ainsi qu'à en bien juger.

On pèche contre la retenue, lorsqu'on ne s'étudie pas à donner de bons exemples, à mettre dans toute sa conduite extérieure de la décence; à éviter toute manière rebutante, rustique, tout ce qui serait l'effet d'une mauvaise éducation, tout ce qui pourrait blesser le moins du monde les yeux ou les oreilles des jeunes filles, donner lieu à des jugements téméraires et odieux, ou diminuer la considération et la réputation dont une Maîtresse a besoin pour faire le bien, et pour mériter l'estime et la confiance des élèves : en effet, celles-ci perdent le respect et la soumission au moment même où elles voient que leur Maîtresse n'a pas une conduite irréprochable.

L'effet de la retenue est encore comme celui de la gravité, d'imposer aux élèves, de les rendre elles-mêmes très réservées, et de les empêcher de s'émanciper: car plusieurs vertus peuvent produire les mêmes effets, par différents principes.

Appliquez-vous avec tout le soin possible à la garde de votre cœur, parce qu'il est la source de la vie. Prov. IV, 23.

Dressez le sentier où vous mettez votre pied, et toutes vos démarches seront fermes. Ibid. IV, 26.

Mettez à votre bouche une porte et des ser-
rures; fondez votre or et votre argent, et fai-
tes une balance pour peser vos paroles, et un
juste frein pour retenir votre bouche. Eccl.
XXXVIII et 29.

VIII

LA DOUCEUR.

La *douceur* est une vertu qui nous inspire
la *bonté*, la sensibilité, la tendresse; c'est une
vertu dont J.-C. est le plus beau modèle, et
qu'il nous recommande spécialement par ces
paroles : *Apprenez de moi que je suis doux et*
humble de cœur (1). C'est, suivant le saint
Évêque de Genève (2), comme *la fleur de la*
Charité, laquelle, ajoute-t-il d'après saint
Bernard, *est en sa perfection, quand, non*
seulement elle est patiente, mais quand, outre
cela, elle est douce et débonnaire.

(1) Matth. XI, 29. — (2) *Introduct. a la Vie*
dévote, 3ᵉ Part., c 8

On distingue en général quatre sortes de douceurs : la première est la douceur d'esprit, qui consiste à juger des choses sans aigreur, sans passion, sans préoccupation de son propre mérite et de sa prétendue suffisance. La seconde est celle de cœur, qui fait vouloir les choses sans entêtement et d'une manière juste. La troisième est celle de mœurs, qui consiste à se conduire par de bons principes, sans vouloir réformer ceux sur qui l'on n'a aucun droit, ou dans les choses dans lesquelles on ne le doit pas. La quatrième enfin est la douceur de conduite, qui fait agir avec simplicité, avec droiture, ne contredisant pas les autres sans juste sujet, sans avoir obligation de le faire, et gardant en ce cas, la modération raisonnable.

Toutes ces différentes douceurs, pour être véritables, doivent être bien sincères : car, dit saint François de Sales, *c'est un des grands artifices de l'ennemi, de faire que plusieurs s'amusent aux paroles et aux conversations extérieures de la douceur et de l'humilité, qui, n'examinant pas bien leurs affections intérieures, croient être humbles et doux, et ne le sont néanmoins nullement en effet : ce que l'on re-connaît, parce que, nonobstant leur cérémo-nieuse douceur et humilité, à la moindre parole qu'on leur dit de travers, à la moindre petite injure qu'ils reçoivent, ils s'élèvent avec une arrogance non pareille.*

Ce que nous venons de dire fait comprendre combien la douceur est une vertu singulièrement admirable, puisqu'elle a l'humilité pour compagne; et que, lorsqu'elle est patiente, elle est même la perfection de la charité. D'où il suit que, sous le premier rapport, elle modère les mouvements de la colère, qu'elle étouffe les désirs de la vengeance, et qu'elle fait supporter, avec une entière égalité d'âme, les traverses, les déplaisirs, les maux qui peuvent arriver. Sous le second rapport, qui fait son caractère le plus distinctif, elle se concilie l'amitié des élèves. C'est un principe général, que l'amour s'achète par l'amour : une Maîtresse doit donc, avant tout et par-dessus tout, prendre pour elles des sentiments de mère, et se regarder comme tenant la place de celles qui les lui ont confiées: c'est-à-dire, qu'elle doit en emprunter ces entrailles de bonté et de tendresse qui leur sont naturelles. Elle les emprunte par la douceur, qui lui inspire à l'égard des enfants, l'affection, la sensibilité, la bienveillance, les manières engageantes et persuasives; qui ôte au commandement ce qu'il a de dur et d'austère, et qui en émousse la pointe. Ainsi la douceur fait leur bonheur, en les attachant à la Maîtresse, et, si elles sont raisonnables, ne céderont-elles pas toujours bien volontiers à l'insinuation et à la douceur, plutôt qu'à la contrainte et à la violence?

Mais, développons en particulier comment une Maîtresse se fera aimer de ses élèves par la douceur.

1. Elle commencera par éviter les défauts qu'elle doit reprendre en elles; par exemple, les manières rudes et grossières.

2. Elle fera observer un ordre et une police, qui n'aient rien de sévère ni de rebutant.

3. Elle sera simple, patiente, exacte dans sa manière d'enseigner; et elle comptera plus sur une règle suivie et sur son assiduité, que sur un excès d'application, du côté de ses élèves.

4. Elle aura une égale bonté envers toutes,

sans acception, sans prédilection, sans attention particulière pour aucune, à moins qu'il n'y ait un motif évident de sagesse ou de nécessité.

5. Son attention pour ne pas dissimuler les fautes qui méritent d'être relevées, sera douce et vigilante : quand elle les reprendra, elle ne sera ni amère, ni choquante, ni insultante, et aussitôt après qu'elle les aura punies, elle aura soin de dissiper l'aigreur que la punition aura pu leur causer, en les faisant convenir de leur tort, de la raison qu'on a eu de les punir, et en leur recommandant de ne se mettre plus à l'avenir dans le même cas.

6. Elle tiendra une conduite uniforme : ce qui est d'autant plus essentiel, que si chaque jour trouvait la Maîtresse différente d'elle-même, par le changement d'humeur ou de façon de parler, les élèves ne sauraient jamais bien positivement sur quoi elles auraient à compter, et ne manqueraient pas de la mépriser et de trouver ses continuelles alternatives ridicules, insupportables, propres à les éloigner de la classe, ou même à leur en donner de l'aversion.

7. Elle leur donnera la liberté d'exposer leurs

difficultés, et elle leur répondra avec bonté et de bonne grâce, autant qu'il sera nécessaire.

8. Elle accordera à propos des louanges au mérite. Quoiqu'elles soient à craindre à cause de la vanité qu'elles peuvent inspirer, il faut tâcher de s'en servir pour animer les enfants sans les enivrer : car, de tous les motifs propres à toucher une âme raisonnable, il n'y en a point de plus puissant que l'honneur et la honte; et quand on a su y rendre les enfants sensibles, on a tout gagné. Elles trouvent du plaisir à être louées et estimées, surtout de leurs parents et de ceux dont elles dépendent.

9. Elle leur parlera souvent de la vertu, mais toujours dignement et avec éloge, comme du plus précieux des biens, pour leur en inspirer l'amour et y former leurs mœurs.

10. Elle leur dira tous les jours quelque chose d'édifiant dont elles fassent leur profit, pour mener une vie chrétienne et vertueuse.

11. Elle leur apprendra la politesse dont elles ont besoin, et les bienséances qu'elles doivent suivre pour être estimées dans le monde et y vivre avec honneur : ainsi elle s'ap-

pliquera à les rendre respectueuses, douces, honnêtes, prévenantes, obligeantes envers leurs supérieures, leurs compagnes et tout le monde.

Il est bien important, en effet, de combattre, dans les jeunes filles, certaines dispositions directement opposées aux devoirs communs de la société et du commerce : une certaine grossièreté qui empêche de faire réflexion à ce qui peut plaire ou déplaire à ceux avec qui l'on se trouve ; un amour de soi-même, qui n'est attentif qu'à ses commodités et à ses avantages ; une hauteur et une fierté qui nous persuadent que tout nous est dû, et que nous ne devons rien aux autres ; un esprit de contradiction, de critique, de raillerie, qui condamne tout, et ne cherche qu'à faire de la peine. Voilà les défauts auxquels il faut déclarer une guerre ouverte. Des jeunes filles qui auront été accoutumées à avoir de la complaisance pour leurs compagnes, à leur faire plaisir, à leur céder dans l'occasion, à ne jamais rien dire de choquant contre elles, et à ne se point blesser elles-mêmes facilement des discours des autres ; des jeunes filles de ce caractère auront bientôt appris, quand elles entreront dans le monde, les règles de la politesse et de la civilité.

12. Une Maîtresse formera le cœur, l'esprit et le jugement des enfants par les moyens suivants :

Pour former leur cœur, elle préviendra les passions et les vices, ce qui se fait en inspirant de l'éloignement et de l'horreur pour les occasions du péché, en s'opposant aux mauvaises inclinations qu'elles laissent paraître, en les portant à l'amour des vertus chrétiennes, en leur enseignant la nécessité, les temps de les pratiquer; en les engageant à prendre de bonnes habitudes; en leur faisant comprendre, par exemple, la différence qu'il y a entre une enfant vraie et sincère, sur la parole de qui l'on peut compter, à qui l'on se fie pleinement, et qu'on regarde comme incapable, non seulement de mensonge et de fourberie, mais du plus léger déguisement, et une autre enfant à l'égard de qui l'on est toujours en soupçon, de qui l'on croit avoir toujours raison de se défier, et aux paroles de laquelle on n'ajoute pas foi, lors même qu'elle dit la vérité.

Pour former leur esprit, une Maîtresse les

instruira avec zèle et avec affection, des dogmes, des devoirs de la Religion, et de tout ce qui peut les rendre des femmes capables de se conduire par la droite raison, et utiles à la société; ce qui demande encore qu'on pense et qu'on parle avec elles toujours juste, toujours raison, toujours bon sens, qu'on les habitue à agir de même dans toutes les occasions qui se présentent; les avertissant et leur faisant connaître quand elles manquent, relevant leurs méprises lorsqu'elles jugent mal, qu'elles parlent faux, qu'elles prennent les choses à contre-sens; les accoutumant à se comporter avec un tel discernement, qu'elles aient toujours un but louable, et qu'elles soient toujours en état de donner de bonnes raisons de ce qu'elles veulent, de ce qu'elles font, et de ce qu'elles disent.

Pour former leur jugement, on leur fera remarquer tous les rapports que les choses ont les unes avec les autres, et les propriétés qui les distinguent entre elles; en leur faisant parler de ces choses selon le discernement qu'elles ont dû d'abord en avoir elles-mêmes, et toujours avec justesse et exactitude, en leur présentant la comparaison de ce qui est répréhensible dans la conduite, avec ce qu'elles auraient dû penser, dire, faire ou omettre.

Au reste, en travaillant ainsi à former le cœur, l'esprit et le jugement des élèves, une Maîtresse ne pourrait encore se promettre de réussir, si elle n'évitait avec soin tout ce qui ressentirait la dureté.

Une Maîtresse pèche par dureté, lorsqu'elle demande de ses élèves ce qui est au-dessus de leur portée, exigeant d'elles par exemple, qu'elles répètent des leçons de catéchisme ou autres, plus fortes que leur mémoire ne leur permet de les apprendre, ou leur imposant des pénitences qui n'ont pas de proportion avec leurs fautes, et ne considérant pas alors qu'elle se rend aussi coupable par l'excès d'une punition juste, que si elle en faisait subir une à celle qui ne l'aurait nullement méritée.

Elle pèche encore, lorsqu'elle exige les choses avec tant d'empire et de hauteur, que les élèves y remarquent de l'irritation; lorsqu'elle les leur demande dans des temps où elles sont mal affectées, sans faire attention qu'elles ne sont pas en état de profiter des efforts de son zèle, pendant qu'elles n'écoutent que l'emportement, le dépit ou leur mauvaise volonté.

Elle pèche aussi lorsqu'elle montre une égale vivacité pour les choses qui sont de peu d'importance, et pour celles qui sont considérables : lorsqu'elle n'écoute jamais les raisons ni les excuses des élèves, se privant par là d'un moyen de se redresser elle-même, ou ne leur pardonnant jamais leurs fautes, quoiqu'on doive en pardonner plusieurs où il n'y a ni malice, ni mauvaises suites à craindre, telles que celles qui viennent d'ignorance, d'inadvertance, d'oubli, de légèreté, d'étourderie, et autres qui sont naturelles à leur âge; lorsqu'elle se montre toujours mécontente de la conduite de ses élèves, quelle qu'elle soit; ne paraissant jamais qu'avec une humeur grondeuse, un air glacial, n'ouvrant la bouche que pour dire des choses mortifiantes, désagréables, malhonnêtes, menaçantes, injurieuses; lorsqu'elle fait voir une prévention continuelle contre eux, et qu'elle interprète en mauvaise part toutes leurs actions; lorsqu'elle exagère leurs fautes; lorsqu'elle agit à leur égard comme si c'était des êtres insensibles, dénués de raison ; par exemple les saisissant, les tirant, les frappant ; ce qui ne pourrait être que l'effet d'un transport de colère dont une Maîtresse, plus que toute autre, doit être incapable ; lors qu'elle ne fait pasconnaître les raisons pour lesquelles elle punit ; lorsqu'elle punit les fautes douteuses comme celles qui sont certaines : lorsqu'elle ne se laisse jamais fléchir par les élèves, et qu'elle ne leur fait aucune grâce, même dans le cas où elles ne sont coupables que de manquements légers, comme serait d'avoir accidentellement mal écrit une page ; d'être venue une fois tard en classe, d'avoir manqué une fois de suivre la leçon, et que leurs fautes ne sont ni contre la religion ni contre les mœurs ; telles que seraient les actions et les discours contre la pureté, les coups, les désobéissances, le vol, le mensonge, les irrévérences dans l'église et dans les prières. Toute cette conduite ôte aux enfants l'amour du travail et le goût du bien, les rebute, les fait crier à l'injustice.

Une Maîtresse doit se persuader : 1. que les punitions corrigent moins que la manière dont on les fait ; 2. qu'en imprimant une crainte excessive, par la rudesse et la rigidité, elle abrutit l'esprit, abâtardit le cœur, fait perdre tout sentiment honnête, donne de l'horreur pour la classe et pour l'instruction; 3. que trop de roideur à ne jamais se relâcher en rien, empêche les corrections d'être utiles; 4. qu'elle peut gagner par une sage modération, celles qu'elle ne ferait qu'irriter par une austérité indiscrète; 5. qu'elle ne pourra jamais se faire craindre utilement, si elle n'inspire aux enfants la crainte de Dieu, de ses jugements et de ses châtiments; que si elles méprisent cette crainte, ou si elle ne fait sur elles aucune impression, toute son autorité sera impuissante pour se faire craindre elle-même.

Au reste, il ne faut pas oublier que, si la douceur est pleine de charité, elle doit pareillement être ferme.

La charité peut bien attirer pour un temps le cœur des enfants, mais elle ne suffit pas quand elles viennent à se relâcher comme elles font quelquefois : il faut que la fermeté vienne au secours pour les retenir dans le devoir, ou pour les y remettre quand elles s'en éloignent.

Mon fils, dit le Sage (1), *accomplissez vos œuvres avec douceur, et vous attirerez non seulement l'estime, mais aussi l'amour des hommes.* Sur quoi un commentateur reprend (2) : « Le » Sage veut qu'on ait de la douceur, et qu'en » même temps on fasse parfaitement ce que » l'on fait, pour montrer qu'il veut que cette » douceur soit ferme. »

La fermeté, d'après les paroles de l'Écriture que nous venons de citer, consiste donc dans une exacte fidélité à observer tout ce qui peut conduire à la fin qu'on se propose : ainsi elle exige, dans une Maîtresse, de la force, du courage et de la constance.

De la force, pour s'opposer à tout ce qui pourrait être contraire au bon ordre, et pour se mettre au-dessus de toutes les difficultés et de toutes les peines de l'école; elle est nécessaire, par exemple, quand une Maîtresse arrive pour la première fois dans une classe; car le premier soin d'une élève, en cette occasion, est d'étudier et de sonder la nouvelle Maîtresse, pour en découvrir quelque faible, et pour en

______

(1) Eccl. III. — (2) Sacy.

profiter; quand elle voit, au contraire, que, paisible et tranquille, cette Maîtresse oppose à ses ruses et à ses tentatives une fermeté douce et raisonnable, elle se soumet et se range à son devoir.

Du courage, pour tenir la main à tout ce qui peut produire ou conserver le bon ordre et l'avancement des élèves.

De la constance, pour persévérer inviolablement dans ses bonnes dispositions; pour franchir généreusement les obstacles, les oppositions, les embarras, malgré même le peu d'espérance du succès.

Le grand point dont il s'agit ici, est de faire une juste application d'une douceur ferme à la conduite des enfants; et, pour cela, il est essentiel d'avoir attention aux circonstances particulières où elles se trouvent, pour allier sagement la douceur avec la fermeté; ainsi la douceur n'empêche pas sans doute qu'on ne punisse les fautes qui doivent être corrigées; mais elle ne permet pas qu'on use d'une fermeté inflexible, si ce n'est lorsque les voies de la douceur et de l'exhortation, toutes les sages industries, les avertissements réitérés, les *pen-*

sum et autres pénitences ordinaires, avec tous les procédés raisonnables, ont été employés; lorsque tout cela n'a pu corriger ni vaincre une humeur récalcitrante, une désobéissance opiniâtre accompagnée d'un air de mépris et de révolte, une paresse décidée, l'omission de la classe, les négligences notables et habituelles, les dégoûts et l'aversion pour l'étude, la duplicité et le déguisement, la flatterie, la pente aux rapports, aux divisions, à la médisance, un esprit moqueur, etc. ; se souvenant toujours qu'une rigueur inexorable de la part d'une Maîtresse, éloigne et révolte ordinairement les élèves, les parents, et tout le monde; à moins qu'elle ne soit devenue évidemment nécessaire.

La douceur ne permet pas même qu'en punissant, on se serve uniquement de l'autorité. Lorsque l'autorité agit seule, elle peut bien contraindre les coupables; mais elle ne les corrige pas. Si des manières impérieuses leur inspirent un respect forcé, elles obéissent pendant qu'on les observe et qu'on est avec elles : elles ne peuvent pas s'en dispenser; mais elles se démentent dès qu'on les perd de vue.

Il faut donc, pour faire un juste mélange de

la douceur avec la fermeté, ne donner dans aucun des inconvénients de l'une ni de l'autre. C'est cet heureux mélange qui procure à la Maîtresse l'autorité (1) qui est l'âme du gouvernement, et qui inspire aux élèves le respect,

(1) Cette autorité est un certain ascendant qui imprime le respect et la soumission. Ce n'est ni l'âge, ni la grandeur de la taille, ni le ton de la voix, ni les menaces qui donnent l'autorité, mais un caractère d'esprit égal, ferme, modéré, qui se possède toujours, qui n'a pour guide que la raison et qui n'agit jamais par caprice, ni par emportement. Ce qui la donne encore, c'est le sage mélange de la douceur et de la fermeté, de l'amour et de la crainte. L'amour doit gagner le cœur des enfants sans les amollir, et la crainte doit les retenir sans les rebuter.

Nous allons rapporter les principaux moyens d'établir ou de conserver l'autorité. Plusieurs de ces moyens se trouvent, à la vérité, épars çà et là dans le cours de l'ouvrage, mais nous jugeons à propos de les réunir ici tous ensemble.

Ils sont : 1° de ne jamais user du pouvoir d'une Maîtresse hors de propos, sans raison, sans réflexion, ni pour des choses qui n'en vaudraient pas la peine.

2° De faire exécuter ce qu'on a une fois commandé justement.

3° D'être ferme à ne point accorder ce qu'on a eu

c'est-à-dire le lien le plus ferme de l'obéissance et de la soumission : de sorte que ce

raison de refuser, quand les circonstances n'ont point changé.

4° De ne pas faire légèrement des menaces, mais de tenir celles qu'on a faites, si les enfants y donnent lieu, et de n'être jamais injuste.

5° D'imprimer aux élèves une crainte respectueuse, et de la maintenir.

6° D'avoir toujours une marche bien réglée dans la manière de les conduire.

7° D'être invariable dans sa conduite, en sorte que les élèves sachent qu'elles trouveront toujours, dans leur institutrice, une Maîtresse qui fera faire le devoir et respecter le bon ordre.

8° D'être égale envers toutes, de n'avoir de prédilection pour aucune : car celle qui jouirait d'une amitié exclusive, en deviendrait audacieuse, insolente ; et les autres qui en seraient privées, deviendraient jalouses, mutines, indociles : ce qui n'empêche pas néanmoins de marquer de la satisfaction, d'accorder des éloges, des récompenses à celles qui font bien et de témoigner du mécontentement à celles qui font mal.

9° De ne pas se familiariser avec les élèves.

10° D'agir toujours de manière qu'on ne puisse jamais être dans le cas de paraître avoir tort à leur égard.

11° De ne les regarder en aucune manière comme des esclaves : mais, en même temps, de se comporter qui doit dominer de part et d'autre, et prendre le dessus, c'est la douceur et l'amour.

toujours envers elles avec tant de dignité et de réserve, qu'elles ne puissent jamais se mettre de pair avec leur Maîtresse.

12° De ne donner à chacune des choses qu'on a à leur dire, que la juste importance qu'elles ont. Ce serait être ridicule que d'en mettre beaucoup où il n'y en a que peu, ou point du tout. De même, ce serait manquer de justesse que de n'en mettre pas, ou de n'en mettre presque pas dans des choses essentielles, soit à l'ordre général de la classe, soit au bien particulier des élèves.

13° De parler peu quand on prescrit quelque chose, et de se faire obéir.

14° De ne point abuser de l'autorité en demandant trop ou trop rigoureusement ce que l'on peut exiger ; comme dans le cas où une élève ne pourrait ou ne voudrait point apprendre ce qu'on lui aurait donné à étudier, si l'on doublait, si l'on triplait la tâche qui aurait été donnée : encore, comme dans le cas où elle refuserait de faire une pénitence, si on l'augmentait, ce qui la réduirait au désespoir, au dépit, la rendrait insensible, la porterait même à la révolte.

15° De proportionner la tâche du devoir à la capacité et au caractère de chaque élève.

16° Quand on a affaire à des caractères durs et opiniâtres, de ne leur pas céder ; de ne se relâcher jamais de la juste fermeté qui doit les réprimer.

Il faut d'ailleurs éviter soigneusement tous les défauts opposés à la fermeté. Ainsi l'on évitera premièrement la faiblesse. Une Maîtresse pèche par faiblesse, et se rend coupable des fautes qu'elle doit punir, lorsqu'elle ne les punit pas, ou lorsqu'elle tolère que les élèves fassent ce qu'elles veulent; ne gardant pas l'ordre, se promettant l'impunité dans leurs manquements.

Secondement, elle évitera une lâche complaisance, une molle condescendance. Une Maîtresse pèche de cette manière, lorsqu'elle ne fait point usage de tous les moyens qui lui sont donnés pour réussir dans son emploi; lorsqu'elle varie dans sa conduite, et qu'elle se relâche mal à propos d'une juste fermeté; lorsqu'elle regarde comme léger ou indifférent ce qui serait un mal réel et considérable; lorsque, par des considérations particulières, quelles qu'elles soient, elle tolère ou permet ce qui ne doit pas être souffert; lorsque, ne voulant pas se gêner, elle ne donne pas l'attention nécessaire à la bonne discipline de la classe ni à l'avancement des élèves, et qu'elle ne reprend pas toutes les fautes qui y sont contraires; lorsqu'elle souffre qu'on méprise ou qu'on néglige ce qu'elle prescrit ou recommande justement; lorsqu'elle parle nonchalamment, qu'elle agit d'une manière indolente, indifférente, sans faire paraître qu'elle veut tout de bon le devoir; lorsqu'elle se contente de faire des avertissements stériles sans en poursuivre l'effet.

Troisièmement, elle évitera une trop grande communication avec les élèves. La familiarité engendre le mépris, l'insubordination, l'éloignement pour le travail, pour l'application: elle rend les élèves volontaires, indociles, rebelles: elle entretient la paresse et d'autres vices, nuit aux progrès, laisse naître et fortifier les mauvaises habitudes: la Maîtresse s'expose alors à manquer de la résolution et de la fermeté nécessaires: elle est tournée par les élèves en dérision, et elle se prête mal à propos à leurs désirs, par bassesse d'âme, par une timidité répréhensible. Elle doit être affable, sans doute, mais son affabilité ne lui permet pas de se familiariser avec elles.

Quatrièmement, elle évitera les autres défauts contraires à la fermeté, qui sont l'inconstance, une timidité excessive, un air honteux, neuf, emprunté, troublé, embarrassé; ainsi que l'opiniâtreté, l'entêtement, la présomption, une inflexibilité qui ne cède ni à la raison, ni à l'autorité légitime, ni à la force.

Passons présentement à ce qui regarde les punitions. Nous avons vu qu'une Maîtresse procure le bien de ses élèves par une douceur charitable, et qu'elle le soutient par une douceur ferme : il nous reste à montrer ici qu'elle prévient ou qu'elle corrige le mal, par une douceur sage et prudente.

D'abord, elle s'interdit l'usage des châtiments qui se feraient par les verges et par le fouet. Il est vrai que souvent l'Écriture sainte porte les parents à ne pas épargner cette punition quand elle est nécessaire pour corriger leurs enfants ; mais dans les pensionnats et écoles chrétiennes, elle aurait beaucoup moins d'utilité que d'inconvénients. Les Maîtresses qui ne la connaissent point, ne laissent pas de réussir par les autres moyens qu'elles emploient pour punir les fautes.

Lorsqu'elles ont des élèves d'un caractère grossier, intraitable, dur, indocile, insensible à la réprimande et à l'honneur, il faut bien qu'elles opposent aux vices naissants des peines corporelles capables de réduire celles qui ne sauraient être corrigées par d'autres moyens moins violents; mais le parti le plus sage, à l'égard des enfants qu'on est habituellement forcé de ranger à leur devoir, par de telles punitions, c'est de les renvoyer aux parents, en observant néanmoins ce que prescrit la prudence en pareil cas.

Au reste, on peut se servir des moyens suivants, pour prévenir les corrections, ou pour les rendre rares et très utiles.

Premier moyen. 1. On formera de bonne heure les élèves à la subordination, en employant à cet effet une fermeté, une égalité de conduite dont on ne s'écartera pas, et en les reprenant, quand il y aura lieu, avec autorité, c'est-à-dire, avec une certaine manière d'agir et de parler qui ait de l'énergie, de la force, qui ressente la Maîtresse, la Supérieure : autrement, les élèves s'élèveraient contre la Maîtresse ou se mettraient à son niveau; elles s'écarteraient de la soumission, de l'ordre, et feraient ce qu'elles voudraient.

2. On ne se permettra jamais d'agir par passion, par humeur, par caprice. C'est là un des plus grands défauts en matière d'éducation, parce qu'il n'échappe jamais aux yeux clairvoyants des élèves, parce qu'il rend presque inutiles toutes les bonnes qualités de la Maîtresse, et qu'il ôte à ses avis et remontrances presque toute autorité.·

3. On inspirera aux enfants le remords et la honte de leurs fautes, plutôt que la crainte de la punition qu'elles méritent.

4. On doit bien discerner les fautes qui méritent d'être punies, et celles qu'il faut pardonner. D'ailleurs, on ne doit pas imposer la même punition à des fautes involontaires et d'inadvertance, qu'à celles qui sont réfléchies et de malice (1).

5. On attachera une idée de honte et de châtiment à mille choses qui peuvent être indifférentes, comme d'être à genoux sur une pierre désignée, et qu'on appellera, si l'on veut, pierre d'ignominie, sans qu'on y laisse néanmoins trop longtemps la coupable, de peur

______

(1) Cet article se développera davantage ci-après.

qu'elle n'en soit incommodée; d'être à une dernière place de quelque banc, de quelque table, ou du côté de la porte; d'être à la queue des rangs; d'être assise au milieu de la classe; d'être debout auprès d'une muraille, sans la toucher; de tenir un livre à deux mains pendant quelque temps, restant debout au milieu de la classe, sous peine d'autres punitions si la coupable y manque; et toujours en lui montrant un visage froid, mécontent, triste, toutes les fois et aussi longtemps qu'elle fait mal, ou qu'elle ne fait pas ce qu'elle doit.

6. On ne leur imposera que des pénitences justes, en préférant néanmoins plutôt les plus douces, lorsqu'elles peuvent opérer les mêmes effets; évitant toujours celles qui peuvent nuire à l'instruction, comme de frapper une enfant lorsqu'elle ne s'y attend pas : ce qui les tiendrait dans la crainte, le trouble et l'inquiétude, quand elles verraient venir leur Maîtresse auprès d'elles, et les rendrait plus atttentives à se garantir des coups qu'elles croiraient la Maîtresse capable de leur donner à l'improviste, qu'à ce qu'elle aurait à leur dire pour l'enseignement.

7. La crainte que l'on doit inspirer aux enfants, pour l'avenir comme pour le passé, sera moins celle de la punition que celle du mal qui y donnerait lieu, et qu'elles doivent éviter avec soin.

8. On préférera des pénitences utiles aux châtiments corporels, dont l'usage doit être rare. On donnera donc, par exemple, avec les punitions déjà indiquées, quelques chapitres du catéchisme ou autre semblable leçon à étudier et à répéter sans faute ; des pages d'écriture, d'orthographe, des règles de calcul ; tout cela à faire même à la maison, pour des externes. Ces punitions auront le double avantage d'occuper utilement les enfants hors le temps des classes, de les accoutumer à un travail assidu, de les tenir éloignées du jeu et des mauvaises compagnies, et de contribuer à leur avancement.

9. On ne rendra pas une même pénitence journalière et ordinaire ; les élèves ne la craindraient plus et s'en feraient un jeu ; mais on diversifiera les punitions.

10. On s'appliquera à étudier le temps favorable et la manière convenable de donner une

pénitence avec plus de fruit. Ainsi, on ne corrigera pas toujours une enfant dans l'instant même de sa faute, surtout lorsqu'elle est mal disposée, de peur de l'aigrir et de lui en faire commettre de nouvelles, en la poussant à bout. On lui laissera le temps de se reconnaître, de rentrer en elle-même, de sentir son tort, et en même temps la justice et la nécessité de la punition; et par là, on la mettra en état d'en profiter. La Maîtresse, de son côté, ne doit jamais punir par colère, surtout si la faute qu'elle punit la regarde personnellement, comme ce serait un manque de respect, une insolence, une injure, quelque parole choquante. Pour peu qu'il paraisse d'émotion sur son visage ou dans son ton, l'élève s'en aperçoit aussitôt; elle sent bien que ce n'est pas le zèle du devoir, mais l'ardeur de la passion qui a allumé ce feu; et il n'en faut pas davantage pour faire perdre tout le fruit de la punition; parce que les enfants, toutes jeunes qu'elles sont, sentent qu'il n'y a que la raison qui ait droit de les corriger.

Le second moyen de prévenir ou de rendre les punitions rares, c'est d'instruire, de reprendre et de menacer avant de punir. On doit donc commencer par bien instruire une enfant de ses devoirs. Y manque-t-elle ensuite? Si c'est par impuissance et par incapacité, on l'excuse, parce que l'on ne peut exiger d'elle ce qui est impossible. Si c'est par oubli, par inadvertance, sans malice, on l'avertit; si c'est par malice, on l'avertit aussi, mais avec force; si elle continue, on la reprend; si elle récidive de nouveau, on la menace; s'il n'y a point d'amendement, on punit Ainsi, la punition est le dernier effort que l'autorité de Maîtresse doit lui faire employer pour soumettre une élève coupable.

Les avertissements, pour les fautes ordinaires, doivent être fréquents, autant que les enfants y donnent lieu, et toujours honnêtes, faits avec bonté et d'une manière qui engage à les bien recevoir. Il faut donc éviter de leur faire penser qu'on est prévenu, de peur qu'en attribuant les avertissements à la prévention, elles ne se défendent par là des défauts qu'on leur marque. Il ne faut pas non plus qu'elles aient lieu de croire qu'on ne les leur donne que par quelque intérêt naturel, par quelque

passion particulière, et enfin par quelque autre
motif que par celui de leur bien.

L'usage des réprimandes ne doit pas être
trop commun; et en cela il y a une grande
différence entre elles et les avertissements.
Ceux-ci sentent moins l'autorité d'une Maîtresse, que la bonté d'une amie : ils sont toujours accompagnés d'un air et d'un ton de douceur qui les font recevoir plus agréablement;
et, par cette raison, on peut s'en servir souvent
ainsi que nous venons de le dire; mais comme
les réprimandes piquent toujours l'amour-propre, et que souvent elles empruntent un air et
un langage sévères, il faut les réserver pour
des défauts plus considérables, et par conséquent
en user plus rarement. Mais d'ailleurs elles
doivent être faites toujours sans dureté, ni
mépris, ni exagération, ni colère dans les
paroles, sans prévention, et de manière que les
élèves étant bien disposées, elles soient con-
fuses et repentantes de leurs fautes, portées
à s'en corriger avec une ferme résolution,
d'après les bons motifs qu'on leur aura suggé-
rés. On doit au reste se donner de garde,
aussitôt après la réprimande, de montrer la

même sérénité et la même affection à l'élève qu'à l'ordinaire : car elle s'accoutume à ce manège, et elle sait que les réprimandes sont un orage de courte durée, qu'elle n'a qu'à laisser passer. On doit donc différer de lui pardonner, jusqu'à ce que son application à mieux faire ait prouvé la sincérité de son repentir.

Quant aux menaces, comme elles approchent plus de la punition que les réprimandes, elles doivent être encore plus rares. Il ne faut les employer que pour des sujets bien légitimes, et jamais sans avoir auparavant examiné si l'on pourra ou si l'on devra les exécuter : autrement, il faut s'en abstenir; car si l'on en faisait quelques-unes mal à propos elles deviendraient inutiles, et les coupables s'enhardiraient dans leurs fautes, par une espèce d'assurance de l'impunité.

On emploie un troisième moyen de prévenir ou de rendre rares les corrections, en prévenant ou en rendant rares les fautes des élèves. C'est ce qu'on fait en usant de tout ce qui peut les porter au devoir et les y maintenir, comme des louanges accordées justement et à propos, mais de manière qu'elles ne donnent pas lieu à la vanité, ainsi que nous l'avons observé, ni au mépris des autres. On montre un air de satisfaction et de joie envers celles qui font bien. On donne des marques particulières de considération et d'estime, des privilèges, des récompenses distinguées, qui consistent non en frivolités ni en inutilités, mais en choses utiles et édifiantes. On le fait encore en rendant de bons témoignages d'elles aux parents et à ceux qui les intéressent; en les avançant autant que la chose est possible; en relevant l'avantage qu'il y a d'être instruit de tout ce qui fait la femme de mérite, dans quelque état qu'elle soit, etc. Il n'est pas douteux que toute cette manière d'agir ne fasse sur l'esprit des enfants plus d'effet que ni les menaces, ni les punitions.

Comme cette matière est très importante, nous allons y joindre une courte explication des conditions requises pour que la correction soit salutaire à celle qui la fait et à celle qui la reçoit.

Les conditions que la correction doit avoir sont au nombre de dix; les sept premières sont celles que la correction doit avoir pour être salutaire à celle qui la fait; et les trois autres, celles que la correction doit avoir pour être salutaire à celle qui la reçoit.

§ 1.

Des sept conditions que doit avoir la correction, pour être salutaire à celle qui la fait.

1. Elle doit être *pure*. Sans doute il faut avoir en vue, dans la correction, comme dans toutes nos actions en général, la gloire de Dieu et l'accomplissement de sa sainte volonté; mais d'ailleurs il faut se proposer encore pour motif l'amendement de l'enfant qu'on corrige; en sorte qu'il n'y ait aucun mélange d'humeur, d'aversion, d'antipathie, de caprice, de vengeance et de ressentiment.

2. Elle doit être *charitable*. On doit corriger une enfant, par la raison qu'on l'aime. Une Maîtresse est comme un médecin, et non comme une ennemie. *Il semble*, dit saint Augustin, cité par un commentateur de l'Écriture, *qu'un médecin persécute son malade,*

mais il ne persécute en effet que sa maladie.
Il traite la maladie, parce qu'il aime le ma-
lade; et il ne fait souffrir celui qu'il aime que
pour le délivrer du mal qu'il souffre. C'est
ainsi qu'une Maîtresse agit à l'égard des enfants, lorsqu'elle les corrige : sa rigueur appa-
rente est une grâce, et les maux qu'elle leur
cause sont des remèdes.

3. Elle doit être *juste.* Toute punition sup-
pose nécessairement une faute : on ne doit
donc corriger que pour une faute certaine. De
même, une punition grave ne doit être em-
ployée que pour punir une faute grave, ou
dans sa qualité, ou dans les suites qu'elle peut
moralement entraîner.

La punition peut quelquefois être moindre;
mais elle ne doit jamais excéder : autrement, ce
serait blesser non seulement la justice, mais
encore la raison; ce serait en effet se conduire
par préjugé, et même donner lieu de penser
que l'on punirait, parce qu'on aimerait à punir,
ou par quelque autre mauvais motif.

4. Elle doit être *convenable.* Il faut avoir
égard à l'âge, au caractère, au tempérament,
aux dispositions de l'enfant qu'on veut corri-

ger, même à celles de ses parents, afin que la punition soit exactement proportionnée à la faute, aux circonstances et à la fin qu'on doit se proposer.

5. Elle doit être *modérée*; c'est-à-dire qu'elle ne soit ni trop forte, ni précipitée. Trop forte, elle pourrait aigrir, révolter, donner lieu à la haine, ou décourager : précipitée, elle pourrait n'être pas juste ni convenable.

6. Elle doit être *paisible*; c'est-à-dire qu'elle soit faite sans trouble, sans impatience, sans emportement, sans fâcherie, et même ordinairement en silence, à moins qu'on ne parle bas, et seulement dans un besoin indispensable.

7. Elle doit être enfin *prudente*, et c'est une des conditions à laquelle il faut encore faire une singulière attention : car, avant de punir, la prudence veut qu'on s'assure des dispositions de la coupable, et de celle où l'on se trouve soi-même. On punirait en vain un esprit aigri, révolté, chagrin, rempli de fiel : il doit être préparé à la punition, s'il est capable de raison, et la Maîtresse doit y être préparée elle-même par la réflexion.

La prudence veut qu'on juge de la faute et de la punition qui doit être imposée. Comme il y a de la différence entre les fautes commises par malice, par obstination, et celles qui sont commises par inadvertance, par fragilité, il doit y avoir aussi de la différence entre les châtiments dont on les punit.

La prudence veut qu'on n'accoutume pas trop les enfants aux punitions; elles pourraient y devenir insensibles, et les châtiments seraient sans fruit.

La prudence veut encore qu'on examine la manière de punir, le temps, les circonstances, les occasions; en un mot ce qui est propre à rendre la correction utile; qu'on considère le caractère, l'âge, le tempérament, tout ce qui regarde les enfants qu'on a à corriger, afin de se régler pour le traitement qui doit être fait : car, la punition doit être imposée si parfaitement à tous égards, que, loin d'avoir de mauvaises suites, elle ne procure au contraire que des fruits avantageux pour les coupables.

C'est pour cette raison qu'il ne faut pas punir les enfants d'un esprit timide, docile, qui avouent leurs fautes, comme celles qui sont mutines, entêtées, dures, qui nient leurs fautes, qui résistent, etc. C'est aussi par cette raison qu'il faut épargner, autant que l'on peut, surtout aux grandes élèves, la honte du châtiment, si leurs fautes sont ignorées des autres : de même qu'on doit garder le secret de la punition des fautes contre la pureté, lorsqu'elles ne sont pas connues, ou qu'elles ne le sont que de peu d'élèves, pour conserver l'honneur des coupables.

§ II.

Des trois conditions que la correction doit avoir, pour être salutaire à celle qui la reçoit.

1° Elle doit être *volontaire*; c'est-à-dire qu'elle soit reçue sans résistance, et qu'elle soit acceptée de bon gré. Le motif dont il faut se servir pour engager celle qu'on punit à y consentir, c'est de lui représenter la grandeur de sa faute, et la nécessité où elle est de la réparer, soit pour son avantage particulier, soit pour le bon exemple qu'elle doit donner à ses compagnes.

2° Elle doit être *respectueuse*, en ce que l'élève qui la reçoit doit reconnaître l'obligation que sa Maîtresse a de la punir si elle fait quelque faute, et, par une suite nécessaire, celle où elle est de se soumettre à la punition lorsqu'elle est coupable.

3° Elle doit être *silencieuse*, en ce qu'il faut la recevoir sans parler, sans crier, sans se plaindre, sans murmurer : autrement on prouverait qu'on ne la reçoit ni volontairement, ni avec respect.

D'après tout ce que nous venons de dire, il est facile de conclure que la douceur sage et prudente, qui convient à une bonne Maîtresse, n'empêche pas, dans les châtiments, la fin qu'elle se propose de remplir, et qu'elle y conduit même avec le plus grand succès. Elle fera donc remarquer aux enfants qu'elle les aime toujours, et que c'est uniquement pour leur bien, par nécessité, à regret, qu'elle les punit; que ce serait leur porter un très grand préjudice que de les laisser se livrer au vice et contracter de mauvaises habitudes; que c'est à leur âge qu'elles doivent prendre la forme qu'elles devront avoir toute leur vie; que pour devenir propres au commerce du monde et aux devoirs qu'elles auront à remplir, rien ne leur est plus important que d'être redressées, corrigées, quand elles y donnent lieu, et instruites de ce qu'elles doivent savoir; que la peine qu'elles ressenten dans le moment produira des fruits utiles pour la suite de leur vie, et qu'elles seront bien aises, dans un âge plus avancé, d'avoir acquis des talents dont elles sentiront alors tout le prix, tout l'avantage, et qui les rendront agréables à ceux avec qui elles se trouveront.

Il est encore facile de comprendre que la vraie douceur d'une bonne Maîtresse consiste à ne chercher, dans les sentiments de bonté dont elle est remplie, que l'amendement, le bien de celles qu'elle punit, et le succès de son ministère et de ses soins; à n'exiger rien qu'avec circonspection et à attendre avec patience les moments favorables pour obtenir ce qu'elle veut.

Enfin, il est aisé de sentir avec quel soin une Maîtresse doit éviter la causticité et l'ironie. Loin d'être des moyens propres à corriger les élèves, elles ne peuvent au contraire qu'indisposer leur esprit contre la Maîtresse, qu'à rendre inutiles, ou presque entièrement inutiles les efforts de son zèle. Car on sait qu'une élève qui manque d'estime et d'attachement pour une Maîtresse dont la manière injurieuse lui a blessé, ulcéré le cœur, ne reçoit ordinairement qu'avec la plus grande répugnance, non seulement ses corrections et ses avis, mais encore toutes ses instructions. Elle se souvient presque toujours que sa Maîtresse a eu l'inconvenance, l'indignité de se moquer d'elle et de la ridiculiser pour ses défauts de corps, d'esprit ou autres, au lieu de l'avoir avertie, corrigée honnêtement, et de lui avoir attiré l'amitié de ses compagnes.

Voici plusieurs autres défauts qui sont contraires à la douceur; savoir, les vivacités, les saillies brusques d'un naturel trop ardent; une humeur noire, bizarre, bourrue, fantasque; les airs sombres; les manières dures et méprisantes; les hauteurs et les arrogances ; un visage fier, sévère; les paroles aigres, chagrines, pleines de fiel, insultantes (que les élèves ne manquent guère de rapporter aux parents, pour les indisposer contre la Maîtresse et justifier leur propre aigreur contre elle, leur aversion pour le pensionnat ou l'école); les agitations violentes, la turbulence, les corrections précipitées, indiscrètes, redoublées sans juste fondement, et portées au-delà des bornes de la justice et de la charité; ce qui avilit et fait détester l'autorité, laquelle étant regardée en ce cas comme tyrannique, ne peut manquer d'occasionner des soulèvements, des haines, des malédictions; enfin une sensibilité qui éclate quand on reçoit quelque mépris ou quelque insulte.

Il y a cependant une certaine colère qui est une vertu. C'est celle qui n'est excitée que par un grand désir de procurer le bien, de s'opposer au mal, de maintenir le bon ordre, la police qui doit être gardée. Elle est nécessaire; mais il faut qu'elle soit réglée par la raison, proportionnée aux fautes, à l'intérêt que l'on doit prendre aux choses, et toujours telle, qu'on se possède soi-même. On doit en ces circonstances montrer cette espèce de colère, soit pour faire connaître qu'on est fondé à exiger ce qui est bien, et à s'indigner contre les manquements qu'on cherche à reprendre, soit pour porter celles qui font mal à se condamner, à se réformer elles-mêmes ; mais il faut qu'elle soit toujours conforme à ce que dit le Prophète (1) : *Mettez-vous en colère, et ne péchez point.*

La colère dont on doit se garder, et qui est un péché, est celle qui vient d'une émotion déréglée de l'âme, qui porte à la vengeance ou à se soulever avec violence contre ce qui déplait. Cette colère trouble le jugement et aveugle la raison.

Mon fils, accomplissez vos œuvres avec douceur, et vous vous attirerez non seulement l'estime, mais aussi l'amour des hommes. Eccl. III, 19.

Apprenez de moi que je suis doux et humble de cœur. Matth. XI, 29.

Bienheureux ceux qui sont doux, parce qu'ils posséderont la terre. Matth. V, 4.

(1) Ps. 4, 5.

IX

LE ZÈLE

Le *zèle* est une vertu qui nous fait procurer la gloire de Dieu avec une grande affection.

Une Maîtresse zélée enseigne d'abord ses élèves par de bons exemples. C'est la première leçon qu'elle donne pour imiter Jésus-Christ, qui a commencé par pratiquer avant d'enseigner. Elle veut en effet parvenir au but qu'elle se propose; mais elle n'y parviendra que par le chemin le plus long, si elle se contente de parler : le plus court est celui de l'exemple. Les enfants apprennent plus par les yeux que par les oreilles. *Le discours* (1), dit saint Bernard, *le plus vif et le plus efficace, est l'exemple des bonnes œuvres. Rien ne persuade mieux de ce qu'on dit, qu'un exemple qui*

(1) Sur la vie de S. Benoît, Serm. 2.

montre la facilité de la pratique des conseils que l'on donne. Une Maîtresse est comme une lampe placée sur le chandelier, qui éclaire bien par sa lumière, mais qui doit encore échauffer par sa chaleur. Ainsi elle procure la gloire de Dieu avec une grande affection, lorsqu'elle travaille d'une manière très efficace à sa propre sanctification.

Elle enseigne ensuite par des instructions solides. C'est la seconde leçon qu'elle donne à ses élèves. Leçon très importante; car elle leur apprend ce qu'elles ignorent et ce qu'elles doivent savoir pour connaître, aimer, servir Dieu. Cette fonction est très honorable sans doute; mais, comme nous l'avons déjà dit, combien de peines, de fatigues, de travaux, combien de dégoûts n'a-t-elle pas à supporter pour la remplir! Ainsi elle procure la gloire de Dieu avec une grande affection, lorsqu'elle travaille généreusement et sans aucun intérêt temporel au salut du prochain, en le portant à faire le bien.

Enfin, elle enseigne par des corrections sages et modérées; telle est sa troisième leçon, et leçon bien essentielle. Combien de choses

n'y a-t-il pas à reprendre dans les enfants !
C'est en elles un mauvais levain, un germe vi-
cieux qu'elle doit exterminer; mais qu'elle n'ex-
terminera qu'autant qu'elle deviendra leur ad-
monitrice continuelle; qu'elle leur fera à
propos des remontrances convenables, et
même qu'elle ira jusqu'à les punir quand il en
sera besoin, toujours néanmoins d'une manière
charitable et douce. Ainsi elle procure la gloire
de Dieu avec une grande affection, lorsqu'elle
travaille au salut du prochain, en employant
une diligence infatigable, un soin assidu, un
courage ferme pour lui faire éviter le mal.

Le zèle, dans une Maîtresse, est donc une
vertu très excellente; et c'est par cette raison
que celui, dit saint Jean Chrysostôme, qui macère son corps par les austérités, a moins de
mérite que celui qui gagne des âmes à Dieu,
et même, ajoute saint Grégoire, il n'est point
de sacrifice qui lui soit plus agréable que le
zèle (1).

Le caractère de cette vertu est très actif;
c'est même son caractère propre. Avec quel

____

(1) L. 1. sur Ezéchiel, Hom. 12.

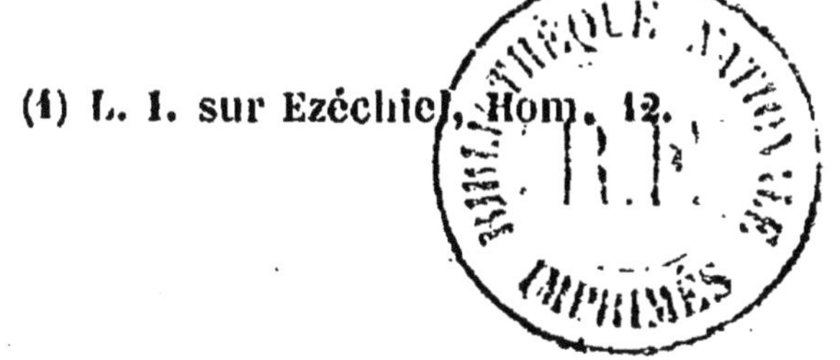

7

empressement en effet, quelle exactitude, par exemple, une Maîtresse ne remplira-t-elle pas les obligations de son état, si elle a un vrai zèle.

Ses obligations religieuses. Comme la première de toutes est pour elle le soin de sa perfection; afin de se soutenir dans la piété, de conserver l'esprit de son état, et de ne pas tomber dans la dissipation de l'esprit, dans le dessèchement du cœur, suites trop ordinaires des études profanes, elle regardera comme plus nécessaires que jamais, l'assiduité journalière à l'oraison, les lectures spirituelles, les examens de conscience, la fréquentation fervente des Sacrements, les retraites annuelles, etc. En général, elle ne manquera à aucun point de la régularité, lorsqu'elle aura à en observer quelqu'un; elle arrivera toujours avant que l'exercice commence plutôt qu'après, soit que la chose dont il s'agit soit plus ou moins considérable, facile ou pénible; il suffit que la règle de la maison la lui ordonne ou la lui recommande; elle sera toute prête, elle volera où le devoir l'appelle; elle s'y plaira et elle y restera aussi longtemps qu'elle devra y rester.

Son obligation d'élever les enfants. L'éducation de la jeunesse demande, de la part de celles qui en sont chargées, les soins les plus assidus, les travaux les plus pénibles, les détails les plus fastidieux. Comment une Maîtresse portera-t-elle le poids d'un ministère qui effraierait le plus grand courage, si elle n'est pas animée d'un grand zèle pour le salut des enfants? Elle éprouvera donc quelque chose de la tendresse et de l'inquiétude de saint Paul, qui ressentait pour les Galates (1) *les douleurs de l'enfantement, jusqu'à ce que Jésus-Christ fût formé en eux.* Ainsi elle fera toute sa satisfaction, toute sa joie, d'instruire sans relâche, sans distinction, sans aucune acception de personne, toutes les enfants, quelles qu'elles soient, ignorantes, ineptes, dépourvues des biens de la nature, riches ou pauvres, bien ou mal disposées, catholiques ou protestantes, etc.

Comme elle désirera ardemment le salut de ses élèves, elle y travaillera autant qu'il lui sera possible par ses bonnes œuvres, par ses

(1) Gal. IV, 19.

prières, par ses communions. En un mot, elle aura à cœur de les sauver toutes sans exception, persuadée qu'il n'est aucune âme qui n'ait coûté le sang de Jésus-Christ; et elle leur enseignera ce qu'elles ont à faire pour profiter de cette rédemption si admirable.

Mais le véritable zèle n'est pas seulement actif; il doit être encore éclairé et prudent. Une Maîtresse véritablement zélée pour l'instruction de ses élèves, se fait toute à toutes, à l'exemple de l'Apôtre (1), petite avec les petites, c'est-à-dire qu'elle se conforme à leur manière d'entendre les choses et de les goûter; qu'elle se proportionne, comme nous l'avons observé, à leur faiblesse, à leur peu de raison et d'intelligence, prenant néanmoins un langage plus relevé avec celles qui sont en état de le comprendre, et cela, pour les instruire toutes avec plus de profit.

Elle ne s'en tiendra pas même à une instruction étudiée, faite en règle, avec ordre et méthode : elle se servira adroitement des occasions qui ne manquent pas, pour placer, comme

____

(1) I. Cor. IX, 22.

par hasard, une maxime de morale qui, n'étant pas préparée, est mieux reçue et fait ordinairement plus d'impression qu'un enseignement disposé avec art, et contre lequel les élèves sont quelquefois en garde.

Enfin, le zèle doit être charitable et courageux. Il agit donc avec force et suavité.

Avec force, parce qu'il est magnanime et incapable de se décourager à l'occasion des peines et des difficultés.

Avec suavité, parce qu'il est doux, tendre, compatissant, humble, en un mot conforme à l'esprit de Jésus-Christ.

Une Maîtresse manque de zèle : 1° lorsqu'elle est indifférente, et qu'elle ne fait pas tout ce qu'elle peut pour étendre le royaume de Dieu, de toutes les manières que nous avons dites, et surtout en ne donnant pas de bons exemples. Comme les enfants imitent naturellement ce qu'elles voient faire par leurs guides, et malheureusement plus le mal que le bien, elles retiennent mieux l'exemple d'un seul défaut que celui de plusieurs vertus ; 2° lorsqu'elle n'a pas un vrai désir de travailler au salut de ses élèves, et qu'elle néglige de leur en procurer les

moyens, autant que sa profession l'y oblige;
3° lorsqu'elle est sans activité pour bien instruire, et sans ardeur pour s'appliquer à sa
propre perfection.

Il y a d'ailleurs un faux zèle qu'on peut aisément connaître : 1° lorsque la passion en est
le principe; 2° lorsqu'un déplaisir reçu, un af-
front, une haine, un dépit, une antipathie, le
mettent en mouvement; 4° lorsqu'il est l'effet
de l'humeur, de l'inclination, de l'aversion, de
l'amour-propre; 4° lorsque, dans l'enseignement, on recherche à faire une classe plutôt
qu'une autre, et à demeurer dans une ville où
la vanité, la paresse, l'amour de ses aises, trouvent mieux leur compte; 5° quand on préfère
certaines élèves à d'autres, parce qu'elles plai-
sent davantage; 6° lorsqu'on cherche à faire
connaître ses succès, les peines qu'on se donne
pour l'avancement des élèves; 7° lorsqu'on
aime l'applaudissement et les louanges; 8° lorsqu'on est fâché de ce que les autres réussissent
mieux que soi; 9° lorsqu'on avertit ou qu'on
reprend avec des termes injurieux, avec vivacité, aigreur, emportememt ou sans discrétion,
et sans considérer qu'un zèle imprudent fait

souvent plus de mal qu'un zèle discret ne fait de bien; 10° lorsqu'on est inquiète, mordante, aigre, agitée; 11° lorsqu'on se laisse aller aux plaintes, aux murmures, à la tristesse, au découragement, à de malignes interprétations; 12° lorsqu'on cherche des biens temporels plutôt que la gloire de Dieu et l'avantage spirituel du prochain; 13° lorsqu'on est sans indulgence, sans miséricorde, sans patience, sans humilité, sans charité; 14° lorsque, dans les circonstances considérables ou extraordinaires, on ne prend pas conseil de ceux qui sont établis pour diriger et pour conduire.

Pour moi, je n'ai rien que je ne donne librement, jusqu'à ma personne même pour vos âmes. 2 Cor. XII, 15.

Malheur à moi si je n'annonce pas l'Évangile, car j'y suis obligé! 1. Cor IX, 16.

Que votre zèle soit animé par la Charité, éclairé par la science, affermi par la constance, qu'il soit fervent, circonspect invincible; qu'il ne soit, ni tiède, ni indiscret, ni timide. S. Bernard, Serm. 20 sur le Cantiq. des Cant.

X.

LA VIGILANCE

La *vigilance* est une vertu qui nous rend diligents et exacts à remplir tous nos devoirs.

Une Maîtresse doit avoir cette vertu, et pour elle-même et pour ses disciples.

Elle doit veiller sur elle-même, c'est-à-dire sur les pensées de son esprit, sur les mouvements de son cœur, sur l'usage de ses sens, sur toute sa personne, pour ne rien faire que de bien, et pour remplir dignement ses obligations. Les manquements qu'elle ferait par défaut de vigilance, de quelqu'une de ces manières, nuiraient évidemment à l'éducation des enfants, et pourraient même leur inspirer pour elle du mépris et de l'éloignement.

Une Maîtresse doit être vigilante sur ses élèves : elle est leur Ange gardien. Si son absence ou son inattention (car l'une équivaut à l'autre) donne lieu à l'homme ennemi qui tourne sans cesse autour d'elles, de leur enlever le précieux trésor de leur innocence, que répondra-t-elle à Jésus-Christ qui lui demandera compte de leurs âmes et qui lui reprochera d'avoir été moins vigilante pour les garder que le démon pour les perdre?

De ce principe il suit : 1. qu'une bonne Maîtresse ne quittera pas sa classe, sous prétexte que sa compagne qui tient la sienne auprès d'elle, conservera le bon ordre dans les deux classes. Si elle s'absente, ce ne sera jamais que pour une très grande nécessité, et toujours pendant le temps le plus court qu'il sera possible. En effet, sa présence seule contribue beaucoup à rendre les enfants plus attentives, en fixant et arrêtant leur imagination; et elle leur épargne bien des distractions et des négligences, qui sont la source de plusieurs fautes qu'elles font et qui donnent lieu à des réprimandes et à des punitions que la Maîtresse aurait pu prévenir, si elle n'avait pas été absente.

2. Lorsqu'elle est dans sa classe, elle observe tout, elle voit tout; rien n'échappe à ses regards. Par là elle contient les élèves dans

l'application; elle les fait venir à l'heure prescrite; elle leur fait faire entièrement la tâche du travail qui leur est donnée; elle exige qu'elles soient propres, ainsi que les livres, les papiers, les cahiers, qui sont à leur usage. On peut donc dire que cette vigilance s'étend à tout, qu'elle dirige, qu'elle soutient, qu'elle anime tout : piété, lecture, prières, catéchisme, manière d'assister à la sainte Messe; écriture, orthographe, calcul; en un mot, il n'est rien qu'elle n'embrasse.

3. Une bonne Maîtresse veille sur la conduite des élèves généralement partout où elle se trouve avec elles; agissant avec prudence cependant, pour empêcher qu'elles ne remarquent qu'on les examine. D'ailleurs, si la Maîtresse est chargée d'élèves externes, elle doit avoir une application continuelle pour découvrir, pour connaître tout ce qui se passe non seulement dans la classe, mais encore dans les rues, soit avant, soit après l'école; et, si elle ne peut elle-même voir partout, elle se sert adroitement des inspectrices qu'elle choisit parmi elles : elle se sert même plus utilement encore de ses compagnes, avec lesquelles elle

entretient un concert louable et inspiré par la la. charité pour le bien commun, suivant en cela le conseil que l'apôtre donnait aux Romains en disant : *Vivez donc les uns avec les autres, comme Jésus-Christ a fait avec vous pour la gloire de Dieu.*

4. C'est surtout à l'église que l'application, les soins et les regards d'une Maîtresse se réunissent sur les élèves pour les contenir dans l'ordre, la modestie et le respect qu'exige la sainteté de ce lieu. A cet effet, elle évite soigneusement de promener ses yeux et de les fixer sur d'autres objets; elle se tient en garde contre la curiosité, la dissipation, et s'interdit absolument tout ce qui pourrait la distraire de sa vigilance sur les enfants, ne s'arrêtant même pas trop à regarder comment se font les cérémonies du culte divin, lorsque cela pourrait affaiblir l'attention qu'elle doit à ses disciples; persuadée que, s'il lui arrivait de s'oublier sur ces points, elles s'en apercevaient bientôt et ne manqueraient pas de s'émanciper, parce qu'elles pourraient n'être pas vues, de se scandaliser, d'imiter ses mauvais exemples, et d'en espérer l'impunité.

5. Enfin, la vigilance d'une Maîtresse s'étend même sur l'avenir. L'expérience du passé lui suggère des précautions contre des événements qui peuvent arriver, et que le raisonnement lui fait prévoir. Son attention la porte à éloigner ce qui pourrait offenser les élèves. Elle pense à prévenir leurs fautes, ainsi que les punitions qui en seraient la suite, en ne leur laissant, s'il est possible, ni les moyens, ni les occasions de pécher. Il vaut mieux en effet prévenir un mal, que de le punir quand il est commis ; et c'est ce qu'opère la présence continuelle et l'œil attentif de la Maîtresse ; car ordinairement les élèves avant de faire une faute, commencent pas regarder si elles ne seront pas surprises et aperçues par la Maîtresse, dont elles craignent souvent plus les yeux que les corrections.

Il ne faut pas néanmoins que la vigilance d'une Maîtresse soit inquiète, défiante, embarrassée, accompagnée de conjectures mal fondées. Elle pourrait alors être opposée à la tustice et à la charité ; elle serait aussi révoltante pour les élèves, qui s'en apercevraient, que gênante et incommode pour la Maîtresse. Cette application doit être paisible, sans agitation, sans trouble, sans contrainte et sans affectation; elle n'en est alors que plus parfaite. Comme il ne faut rien omettre de ce que demande une exacte surveillance, il ne faut pas non plus outrer les précautions. D'ailleurs, en voulant conserver les bonnes mœurs, on doit faire en sorte que les enfants ne deviennent pas des hypocrites.

Une Maîtresse s'abstiendra des défauts suivants, comme étant contraires à la vigilance, elle évitera l'application à toute autre chose qu'à ce qui doit l'occuper dans chaque moment, la lâcheté, l'assoupissement, les conversations inutiles avec les élèves, avec les externes, même avec ses compagnes, la dissipation d'esprit, le dégoût pour la classe; l'inattention, l'indolence, un certain engourdissement qui la rendrait incapable d'action, la présomption, la témérité, ainsi que la pesanteur ou la lenteur de la paresse.

Outre ces défauts, une Maîtresse doit encore éviter une trop grande inquiétude, une agitation précipitée du corps, de la tête, des yeux, des bras, la négligence à observer ce que font les élèves, et de quelle manière elles s'acquittent de leurs devoirs, l'inexactitude à tenir soigneusement et continuellement la main à tout ce qui peut établir l'ordre et l'application.

Prenez garde à vous-même et à votre troupeau. Act. XX, 28.

Pour vous, veillez en toutes rencontres, accomplissez votre ministère. II. Tim. IV, 5.

« *Nous avons un grand dépôt confié à nos soins et à notre vigilance, ce sont les enfants. Ayons-en tout le soin possible, et prenons garde que le voleur rusé, qui n'en veut qu'à nos âmes, ne nous les enlève que pour en faire sa malheureuse proie.* » Saint Jean Chrysostôme sur la première épître à Tim.

XI

LA PIÉTÉ.

La *piété* est une vertu qui fait que nous nous acquittons dignement de nos devoirs envers Dieu.

Nous nous en acquittons dignement, lorsque nous les remplissons avec respect et zèle; car la majesté infinie de Dieu, sa bonté immense, exigent de nous que nous lui rendions l'hommage le plus respectueux, et que nous ayons le plus grand empressement pour le servir, comme il demande.

Une Maîtresse doit avoir éminemment la vertu de piété, c'est-à-dire que sa piété sera intérieure et sincère; autrement, elle ne serait qu'une hypocrite. Elle sera éclatante et exemplaire, parce qu'elle doit faire paraître au dehors les sentiments dont son cœur est pénétré.

Qu'est-ce, en effet, qu'une Maîtresse chrétienne, chargée de l'éducation des jeunes filles? C'est une femme entre les mains de qui Jésus-Christ a remis un certain nombre d'enfants qu'il a rachetées de son sang, et pour lesquelles il a donné sa vie, en qui il habite comme dans sa maison et dans son temple, qu'il regarde comme ses membres, comme ses sœurs et ses cohéritières, qui règneront avec lui et glorifieront Dieu par lui dans toute l'éternité. Et pour quelle fin les lui a-t-il confiées? Est-ce précisément pour en faire de bons écrivains, de grandes arithméticiennes, des savantes? qui oserait le dire ou même le penser? Il les lui a confiées pour conserver en elles le précieux et l'inestimable caractère de l'innocence, qu'il a imprimé dans leur âme par le baptême, pour en faire de véritables chrétiennes. Voilà donc ce qui est la fin et le but de l'éducation des enfants : tout le reste ne tient lieu que de moyens.

D'où il suit qu'une Maîtresse doit avoir un très grand soin de les former à la Religion. Ainsi elle s'appliquera, comme nous l'avons dit ailleurs, à les instruire des mystères de la Foi, en particulier de ceux qu'il leur est nécessaire, de nécessité, de moyen, de croire d'une manière explicite, du Symbole, des vérités qui regardent la pratique, comme les commandements de Dieu et de l'Église, les dispositions requises pour recevoir avec fruit les Sacrements.

Elle ne manquera pas non plus de leur parler des engagements du baptême, des renonciations qu'elles ont faites en recevant ce sacrement, de l'estime qu'elles en doivent avoir, des grâces qu'elles y ont reçues, et de ce qu'elles sont obligées de faire pour les conserver.

Elle leur expliquera ce qui concerne l'obligation d'assister aux Offices divins, d'assister à la sainte Messe les dimanches et fêtes, les fruits précieux qu'elles recueilleront en y assistant tous les jours, la manière de faire cette importante action, et de se tenir dans l'église, tant pour l'intérieur que pour l'extérieur.

Elle leur apprendra quelle est la nécessité de la prière, comment et en quel temps on doit remplir ce devoir essentiel, comme le matin, le soir, et en une infinité d'autres circonstances de la vie. Elle exigera d'elles qu'elles sachent les formules ordinaires dont on se sert en priant, qu'elles prononcent bien et distinctement, quand elles les récitent.

Elle leur enseignera comment elles rendront leurs actions méritoires en les offrant à Dieu, et lui demandant son secours pour les bien faire; comment encore elles doivent profiter des peines, des afflictions, se soumettre avec résignation à la volonté de Dieu, dans la maladie et dans les autres événements fâcheux de cette vie, s'acquitter des obligations de leur état, s'éloigner des occasions du péché, n'être jamais pour les autres des sujets de scandale.

Elle leur fera bien connaître les vertus chrétiennes et morales, la Foi, l'Espérance, la Charité, la justice, la bonté, la droiture de cœur, la sagesse, la prudence, la force, la tempérance, la modestie dans tous leurs discours et dans toute leur conduite, le respect et la soumission qu'elles doivent aux puissances ecclésiastiques et civiles, l'immortalité de l'âme, les dernières fins de l'homme, la grâce, le péché, etc.

Elle leur inspirera non seulement une piété solide envers Dieu, et envers Notre-Seigneur Jésus-Christ, mais encore une dévotion singulière à la très sainte Vierge, à saint Joseph, à leur saint Patron, à leur Ange gardien; les instruisant sur les motifs de cette dévotion, récompensant celles qui s'y affectionneront davantage. Elle ajoutera, dans les circonstances convenables, certains traits frappants de la vie des Saints et des hommes illustres. Les bons exemples font par eux-mêmes plus d'impression sur l'esprit des enfants, que de longs discours, même les mieux raisonnés.

Enfin, elle leur inculquera sans cesse l'obligation où elles sont de préférer leur salut à toute autre chose; et, par toutes ces instructions, elle formera en elles les qualités qui font la bonne chrétienne, la bonne mère de famille, la femme de la vertu et du devoir, suivant les différents états auxquels chacune sera appelée par la divine Providence.

Mais n'oublions pas d'observer ici, que c'est surtout pour bien enseigner la Religion aux enfants, qu'on doit diversifier, ainsi que nous l'avons déjà dit, et simplifier les instructions suivant leur besoin; qu'il ne suffit pas de leur faire étudier et de leur faire répéter journellement le catéchisme, mais qu'il faut encore leur en développer la doctrine par des explications qui soient claires et bien à leur portée. Si une Maîtresse tient cette conduite, si elle l'appuie de l'exemple de toutes les vertus, elle produira infailliblement les plus grands fruits.

Au reste, il n'est pas nécessaire d'avertir que tous les exercices doivent se faire avec respect, avec modestie, avec un recueillement intérieur et extérieur. On ne doit donc alors rien permettre ni souffrir qui puisse distraire de l'application qu'on doit y donner. Il faut aussi exiger qu'à l'Église les enfants aient des livres à la main, et qu'elles y lisent toujours.

Tels sont les principaux objets dont une Maîtresse doit instruire les enfants. Mais, encore une fois, pourrait-elle leur donner une semblable éducation, et les former parfaitement à une vie chrétienne, si elle n'était pas elle-même remplie de tout ce qu'elle leur enseigne? nous avons donc eu raison de dire que sa piété doit être éminente; mais, pour la rendre solide, elle ne manquera pas sans doute de prendre Jésus-Christ pour son modèle, la morale de ce divin Sauveur pour fondement et pour principe de sa conduite. Ainsi elle méprisera les biens de la terre qui passent, les louanges des hommes qui n'ont aucune réalité, les plaisirs du siècle qui ne sont que danger et illusion.

Une Maîtresse manquerait à la Piété en parlant de Dieu par manière d'acquit, sans goût, sans être pénétrée des vérités de la Religion; en disant, ou laissant dire la prière avec précipitation, sans pause, trop haut, sans modestie, sans respect, sans attention, en négligeant ou en faisant sans application, sans ferveur, certaines pratiques de dévotion, telles que sont de prendre de l'eau bénite, de faire le signe de la Croix, de joindre les mains, de s'incliner, de se mettre à genoux en temps et lieux convenables, surtout si c'était par honte qu'elle s'en abstint.

Exercez-vous à la Piété..... Elle est utile à tout; et c'est à elle que les biens de la vie présente et ceux de la vie future ont été promis. I. Tim. IV, 7 et 8.

Ayez grand soin de vous rendre agréable à Dieu, d'être un ouvrier qui ne rougisse point de son ministère. II. Tim. II, 15.

XII

LA GÉNÉROSITÉ.

La *générosité* est une vertu qui nous fait sacrifier volontairement nos intérêts personnels à ceux du prochain, conformément à la conduite de saint Paul, qui disait (1) qu'il n'avait pas égard à ce qui lui était utile, mais à ce

(1) I. Cor. X, 33.

qui l'était à plusieurs, pour leur procurer le salut.

On voit, par cette définition, que la générosité n'est pas une vertu commune et ordinaire, mais très relevée ; en effet, le sacrifice qu'elle nous inspire se fait librement, et l'objet de ce sacrifice est considérable.

Il se fait librement. On n'est pas généreux, lorsqu'on ne donne aux autres que ce qu'on est tenu de leur donner, ou autrement ce qui leur appartient. Son objet est considérable. En général, on n'est généreux qu'autant qu'on se relâche de ses droits en faveur de quelqu'un, et qu'on lui accorde plus qu'il ne peut exiger. On peut donc regarder la générosité comme le plus sublime de tous les sentiments, comme le mobile de toutes les belles actions, et peut-être comme le germe de toutes les vertus.

Appliquons à une bonne Maîtresse ce que nous venons de dire : il est aisé d'en inférer que la générosité lui convient même d'une manière très sublime.

Elle fait un sacrifice bien libre, un grand sacrifice, puisqu'elle se livre volontairement à un travail essentiel pour le prochain ; savoir, l'instruction des enfants, surtout des enfants pauvres.

Quelle est d'ailleurs la sublimité de ses sentiments! Pour se mettre plus en état de mieux instruire, elle se consacre à Dieu dans une profession où elle renonce à tous les biens de la terre par le vœu de pauvreté, aux plaisirs les plus légitimes par celui de chasteté, à sa propre volonté, c'est-à-dire à sa personne même, qu'elle offre comme en holocauste, par celui d'obéissance : n'est-ce pas de sa part un sentiment admirable, un sentiment héroïque?

Bien qu'elle procure au prochain des avantages d'une importance infinie; loin d'en retirer aucun émolument temporel, elle se fait gloire du plus parfait désintéressement. Quelle beauté dans cette action dont sa générosité est le mobile!

Elle se dévoue, non pas d'une manière momentanée, mais pour toujours à une fonction très excellente, très laborieuse, très rebutante de sa nature, et qui, loin de paraître relevée aux yeux des hommes, leur paraît au contraire abjecte et basse. Elle la regarde néanmoins comme l'unique objet de son travail, de son application continuelle, de ses soins, de ses études ; et, ce qu'elle se propose, c'est d'en faire recueillir tout le fruit à ses élèves ; en sorte qu'elle peut leur dire avec l'Apôtre (1) : *Pour moi, je n'ai rien que je ne donne librement, jusqu'à ma personne pour vos âmes.* De combien de vertus la générosité n'est-elle pas en elle le germe ?

Expliquons encore ce qui regarde la générosité. On dit que c'est un sentiment aussi noble que la grandeur d'âme, aussi utile que la bienfaisance, et aussi tendre que l'humanité ; mais la générosité d'une bonne Maîtresse n'a-t-elle pas ces trois caractères ?

Elle est aussi noble que la grandeur d'âme. La bonne Maîtresse s'élève au-dessus des injures, dont elle ne se venge qu'en faisant le bien, des contradictions, des dégoûts, de l'ennui, des soins d'un travail très assidu, en un mot de tout ce qu'il y a de plus difficile, de plus pénible à supporter, pour bien élever les enfants.

Elle est aussi utile que la bienfaisance. La

____

(1) II. Cor. X, II 15.

bonne Maîtresse rend de très grands services aux enfants, et pour l'âme et pour le corps : elle leur donne des soins continuels à cet effet; elle les forme aux vertus chrétiennes et sociales; elle leur apprend des choses très intéressantes, dont elles pourront profiter avec beaucoup d'avantage dans la conduite de leur vie.

Elle est aussi tendre que l'humanité. La bonne Maîtresse s'applique à les rendre heureuses, soit par ses instructions, soit par ses conseils, soit par ses bons exemples; elle leur procure tous les secours dont elle est capable; elle compatit à leur faiblesse ; elle les prémunit contre les mauvaises habitudes; elle leur en fait contracter de bonnes; elle corrige en elles les inclinations vicieuses, comme l'insolence, la fierté, l'orgueil, l'estime de soi-même, la paresse, l'indocilité; elle les accoutume à adoucir leurs peines par des consolations solides qu'on ne peut trouver que dans la Religion, et dont elle a le zèle de les instruire; elle supporte leurs fautes, et elle ne les réprime que lorsqu'elles le méritent; elle leur suggère les moyens de se préserver de la corruption du siècle ; elle fait toutes ces choses par la charité la plus affectueuse, pour former en elles des femmes chrétiennes et utiles à la société.

Ajoutons que la générosité renferme le sentiment de la libéralité, mais d'une libéralité sage et raisonnable, telle que doit être celle d'une bonne Maîtresse. Elle doit en effet donner des récompenses aux élèves pour exciter leur émulation, les animer à bien faire, à éviter le mal ; mais elle ne doit distribuer ces récompenses qu'au mérite, avec discernement, sans acception de personne, et rarement. Si elles devenaient communes, elles deviendraient indifférentes ; et, fussent-elles même de quelque prix, on n'en ferait bientôt plus aucun cas.

Pour avoir la vertu de générosité, une Maîtresse doit estimer son emploi, le remplir avec affection, sans y rien négliger, aimer à rendre service au prochain, et à lui faire tout le bien possible, à multiplier ses instructions, à les répandre avec une louable profusion, soit dans les leçons générales, soit dans les leçons particulières qu'elle est quelquefois dans le cas de donner ; le faisant même souvent gratuitement, et sans autre motif que l'avantage du prochain et la gloire de Dieu.

Elle manquerait à cette vertu si elle se permettait des ménagements portés trop loin, sous prétexte que l'enseignement lui paraîtrait fatigant, ou causerait quelque altération à sa santé; si elle cherchait plutôt sa propre utilité que l'avancement des élèves, dans l'étude qu'elle ferait pour apprendre les choses dont elle doit les instruire.

Elle pécherait encore si elle gardait pour elle, ou pour donner à d'autres qu'à ses élèves, les récompenses qu'elles auraient reçues pour elles.

Elle pécherait enfin, si elle recevait de trop grands présents des élèves; si elle leur retenait quelque chose; si elle cherchait à s'attirer des louanges, des applaudissements, à être flattée; en un mot, si elle désirait d'autres avantages que ceux auxquels a droit toute Maîtresse vraiment chrétienne, c'est-à-dire l'utilité du prochain, sa propre sanctification et la gloire de Dieu.

Je n'ai pas égard à mon intérêt, mais à celui de plusieurs pour leur procurer le salut. I. Cor. X. 33.

*Pour moi, je n'ai rien que je ne donne li-
brement, jusqu'à ma personne même, pour vos
âmes.* II. Cor. XII. 15.

CONCLUSION.

Telle est l'explication des vertus d'une bonne
Maîtresse. Elle est entièrement faite d'après le
plan généralement admis pour bien élever les
enfants. Les quatre principaux moyens pour
réussir sont de s'en faire estimer, aimer, respecter et craindre. Or, il est évident que les
douze vertus d'une bonne Maîtresse renferment
tous ces moyens, et qu'il n'en est pas une seule
qui n'en renferme un ou plusieurs. Quelles fa-
cilités ne procureront-elles donc pas à une Maîtresse lorsqu'elles seront toutes réunies, et
qu'elle les possédera plus éminemment?

Pratiquez-les donc avec zèle en vous *assurant,* à l'exemple de l'Apôtre (1), *que celui qui
a commencé cette bonne œuvre en vous, l'a-
chèvera jusqu'au jour de Notre-Seigneur Jé-*

(1) Philip. I, 6.

sus-*Christ*. Si vous n'avez pas encore atteint la perfection de ces vertus, animez-vous par une nouvelle ferveur, à les acquérir dans le degré nécessaire, et à éviter, avec plus de soin que jamais, les défauts qu'elles combattent. C'est le vrai moyen de procurer davantage la gloire de Dieu, et de rendre plus utile l'éducation des enfants dont vous êtes chargées.

Ce que nous avons dit, fait connaître qu'en cherchant à élever la jeunesse, qu'en se sacrifiant en sa faveur, on peut s'appliquer avec raison ces paroles que l'Apôtre adressait à Timothée (1) : *Par ce moyen vous vous sauverez vous-même, et vous sauverez ceux qui vous écoutent.* Ainsi, vous avez tout lieu d'attendre, si vous êtes fidèles *à* remplir vos obligations, *la couronne que le juste juge rendra un jour à ceux qui aiment son avénement* (2) : couronne qui sera infiniment glorieuse pour vous; car, ainsi que vous l'avez remarqué dans un passage de saint Jean Chrysostôme (3), *celui qui macère son corps par les austérités, a*

<hr>

(1) Tim. IV, 16. — (2) II. Tim. IV, 8. — (3) Sur le zèle.

moins de mérite que celui qui gagne des âmes à Dieu : Il y a, dit le même saint, *deux voies pour nous conduire au salut. Dans l'une on ne travaille que pour soi, et dans l'autre, on s'intéresse aussi pour le service du prochain. Il faut reconnaitre que les jeûnes, les austérités corporelles, la continence et les autres vertus semblables, sont utiles pour le salut de celui qui les pratique; mais l'aumône, les enseignements et la charité, qui se communiquent au prochain, sont des vertus bien plus relevées.* (Hom. 78, sur ces paroles, *qui est le serviteur fidèle. S. Matth.*, ch. XXIV. 45.)

'Il dit encore, dans un autre endroit, qu'*une seule âme que nous aurons gagnée à Jésus-Christ, peut effacer en nous une infinité de péchés, et devenir le prix de la rédemption de notre âme.* (Hom. 39, au peuple d'Antioche.)

Estimez-vous donc heureuse d'avoir embrassé une carrière où, tout en assurant votre propre salut, vous avez l'avantage précieux d'instruire les autres et de travailler au salut de leurs âmes.

TABLE DES MATIÈRES.